Mitología australiana

Historias Fascinantes del tiempo del sueño de los australianos indígenas

© Copyright 2020

Todos los derechos reservados. Ninguna parte de este libro puede ser reproducida de ninguna forma sin el permiso escrito del autor. Los revisores pueden citar breves pasajes en las reseñas.

Descargo de responsabilidad: Ninguna parte de esta publicación puede ser reproducida o transmitida de ninguna forma o por ningún medio, mecánico o electrónico, incluyendo fotocopias o grabaciones, o por ningún sistema de almacenamiento y recuperación de información, o transmitida por correo electrónico sin permiso escrito del editor.

Si bien se ha hecho todo lo posible por verificar la información proporcionada en esta publicación, ni el autor ni el editor asumen responsabilidad alguna por los errores, omisiones o interpretaciones contrarias al tema aquí tratado.

Este libro es solo para fines de entretenimiento. Las opiniones expresadas son únicamente las del autor y no deben tomarse como instrucciones u órdenes de expertos. El lector es responsable de sus propias acciones.

La adhesión a todas las leyes y regulaciones aplicables, incluyendo las leyes internacionales, federales, estatales y locales que rigen la concesión de licencias profesionales, las prácticas comerciales, la publicidad y todos los demás aspectos de la realización de negocios en los EE. UU., Canadá, Reino Unido o cualquier otra jurisdicción es responsabilidad exclusiva del comprador o del lector.

Ni el autor ni el editor asumen responsabilidad alguna en nombre del comprador o lector de estos materiales. Cualquier desaire percibido de cualquier individuo u organización es puramente involuntario.

Índice

INTRODUCCIÓN 1
PARTE I: ORÍGENES 5
PARTE II: DIOSES, HÉROES Y MONSTRUOS 28
PARTE III: CUENTOS DE ANIMALES..64
BIBLIOGRAFÍA 88

Introducción

Con una historia que se remonta a más de 40.000 años, la cultura indígena australiana es una de las culturas más antiguas que continúa existiendo en el mundo. Según las pruebas de ADN realizadas en la Universidad de Copenhague, los indígenas australianos son los descendientes de los primeros migrantes que dejaron el lugar de nacimiento de la humanidad en África, hace unos 75.000 años. A lo largo de estos muchos milenios, los pueblos indígenas de Australia han establecido sociedades complejas y singulares que se han adaptado bien a las condiciones, a menudo duras, del paisaje australiano.

Aunque la cultura indígena australiana tiende a ser nombrada como si fuera una sola unidad, está lejos de ser monolítica. Según el sitio web del gobierno australiano, en el momento del primer contacto con los europeos, había unas 500 naciones indígenas distintas que habitaban Australia, que hablaban idiomas diferentes y seguían sus propias prácticas religiosas y culturales, con un cierto grado de superposición entre las culturas.

Como en todas las sociedades humanas, la de los australianos indígenas abunda en historias. Historias de cómo el mundo llegó a ser como es, historias de heroísmo y perfidia, historias sobre animales y pájaros, e historias sobre el amor y el odio, todas tienen su lugar en la amplia gama de mitos, leyendas y cuentos creados por los australianos indígenas.

Uno de los conceptos más importantes relacionados con la mitología y la narración de los australianos indígenas es el tiempo del sueño. El "tiempo del sueño" (sueño) se refiere al pasado mítico indígena, la época de los antepasados en la que el mundo estaba recién creado y los animales y los pájaros vivían y hablaban como personas. También se refiere a aspectos de las prácticas y creencias religiosas indígenas actuales. Como informa la antropóloga Diane James, para los pueblos indígenas, el tiempo del sueño no existe como algo separado en la historia de su mundo actual. De hecho, para ellos nunca terminó realmente, y por lo tanto el pasado y el presente existen juntos en una especie de continuidad ininterrumpida.

Este volumen está dedicado a las historias que los australianos indígenas cuentan sobre el tiempo del sueño y consta de tres partes. La primera trata de los orígenes de las cosas y cómo llegó a existir el mundo; la segunda cuenta historias de dioses, héroes y monstruos; y la tercera presenta historias de animales y pájaros.

Aunque hay algunos aspectos de los mitos de la creación australiana que se extienden por todo el continente (como el personaje de la Serpiente Arco Iris), las diferentes tribus suelen tener diferentes dioses y, por lo tanto, diferentes historias sobre la creación del universo. Para las tribus del estado de Victoria, el Pundjel que empuña un cuchillo, también llamado Bunjil, es el dios creador, mientras que en otras partes del sur de Australia, Baiame crea el mundo con la ayuda de Yhi, la diosa del sol. Algunas de estas historias tratan de la creación del mundo como un todo, mientras que otras tratan de ciertas características, como la forma en que las pléyades y el lucero del alba llegaron a ser o cómo Uluru (Ayers Rock) llegó a tener las marcas que tiene.

El tiempo del sueño también es el hogar de héroes y monstruos, actos de fuerza y valor, y viajes peligrosos hasta los confines de la tierra. En el tiempo del sueño, los dioses aún caminaban entre la humanidad, y sus acciones en ese momento son el tema de varios mitos. Los mitos indígenas australianos también hablan de las acciones de los semidivinos Hermanos Winjarning, que viajan a donde sea que se necesite su coraje, habilidad y fuerza. Otras historias cuentan la valentía de la gente común que salva a sus seres queridos de las bestias viles o que viajan a través de muchas tierras extrañas llenas de criaturas aún más extrañas para llegar a Kurrilwan, la tierra más allá del atardecer, donde Baiame aún vive.

Los cuentos de animales son la base de muchas tradiciones de narración de historias, por lo que la tercera sección de este libro presenta una selección de historias de animales del tiempo del sueño. En estos mitos, las criaturas son animales y humanas al mismo tiempo, tienen plumas, pelaje y colas, pero también reman en canoas, cazan con lanzas, y hablan y actúan como personas. Algunos de estos cuentos son historias que explican por qué algunos animales tienen ciertas características, mientras que otros explican cómo el animal o el pájaro que conocemos hoy en día fueron creados a partir de su forma humana del tiempo del sueño.

Al momento de escribir este volumen, el cambio climático generó condiciones para incendios forestales catastróficos que han quemado casi quince millones de acres a lo largo de la costa sureste de Australia, sin que haya señales de que los incendios disminuyan. Los preciosos pájaros, animales y plantas que inspiraron tantas de estas historias y que a menudo son únicos de este continente insular están en grave peligro, al igual que los hogares, las vidas y los medios de vida de miles de seres humanos que llaman a esa parte del mundo su hogar. Las obras escritas siempre pueden preservar las historias de los australianos indígenas para las generaciones futuras, especialmente con nuestra capacidad actual de albergar textos en la Nube así como en libros impresos, pero el destino de la tierra, las criaturas y los pueblos de Australia no está tan bien asegurado. Solo podemos esperar que las cosas que hacen a Australia y a sus pueblos maravillosos y únicos continúen existiendo en la realidad física y no solo como palabras e imágenes en los cuentos del tiempo del sueño.

Parte I: Orígenes

La creación de la vida

La responsabilidad de la creación del mundo varía dentro del corpus del mito australiano. En algunos mitos, el creador es la Serpiente Arco Iris, mientras que en otros es el dios Baiame. En el mito que se relata a continuación, Baiame pasa la responsabilidad de crear la vida a Yhi, la diosa del sol, que no es creada por sí misma, sino que existe en una especie de animación suspendida hasta que Baiame la despierta. Excepto por las plantas, que Yhi llama a la existencia caminando a través de un mundo estéril, todos los seres vivos son sacados de las cuevas bajo tierra.

En algunas versiones del mito, el acto de creación de Yhi se encuentra en la llanura de Nullarbor, que está situada a lo largo de la costa del estado de Australia Meridional y se extiende a través de la frontera hacia Australia Occidental. El nombre de la llanura es una creación colonialista, compuesta de "nulla" y "arbor", que son las palabras latinas para "ninguno" y "árbol", respectivamente. Este nombre fue dado a la zona por los occidentales porque hay muy pocos árboles.

En los comienzos del mundo, todo estaba bajo un manto de oscuridad. La oscuridad envolvía las llanuras y las montañas. Nada se agitaba, nada se movía, ni siquiera el más mínimo soplo de viento. No había ni sonido ni luz, solo oscuridad, silencio y espera.

En un lugar muy, muy lejano a la Tierra, Yhi dormía. La diosa del sol dormía en la oscuridad. Como la Tierra, ella esperaba en la oscuridad y en el silencio.

De la oscuridad y el silencio salió Baiame. Fue hacia Yhi y le susurró al oído—. ¡Yhi! ¡Despierta! El mundo está listo para tener vida. ¡Debes despertar!

Yhi escuchó el susurro de Baiame, y se despertó. Cuando abrió los ojos, el mundo entero se inundó de luz. Yhi pudo ver las montañas y las llanuras, y su aliento agitó el aire inmóvil, haciendo que las primeras brisas soplaran.

Yhi comenzó a caminar por la llanura de Nullarbor, y dondequiera que fuera, empezaron a crecer plantas de todo tipo. Mientras caminaba, brotaron hierbas y flores, árboles y arbustos, y pronto las llanuras y las montañas se llenaron de cosas verdes y crecientes, y las flores de muchos colores brillaron entre el verdor.

Cuando plantas de todo tipo empezaron a crecer por todas partes, Yhi descansó. Y después de haber descansado un rato, Baiame volvió a hablarle—. ¡Yhi! ¡El mundo necesita aún más vida! Ve debajo de la tierra. Ve a las profundidades de las cavernas bajo la tierra y mira qué vida se puede crear allí.

Yhi atendió la llamada de Baiame. Se metió en las cavernas bajo la tierra. Los espíritus que vivían allí gritaron ante la inundación de luz que Yhi trajo a sus dominios—. ¿Por qué estás aquí?—gritaron—. ¡Déjanos en paz! ¡Déjanos nuestra oscuridad, y déjanos dormir!

Las voces de los espíritus subterráneos no disuadieron a Yhi. Caminó por todas las cavernas subterráneas, y dondequiera que fuera, aparecieron una miríada de insectos. Insectos rastreros, voladores, con cuerpos y alas de muchos colores, todos salieron de la oscuridad de las cuevas. Luego salieron a la superficie para vivir entre las plantas que Yhi había creado. Cuando Yhi terminó de llamar a los insectos, dejó las cavernas bajo tierra, dejando a los espíritus en su oscuridad, y luego se fue a casa y descansó por un tiempo.

Después de su descanso, Yhi volvió a salir. Entró en otra cueva profunda y oscura, una que estaba llena de hielo. El calor y la luz de Yhi derritieron el hielo, y de esta cueva salieron serpientes y lagartos que se deslizaron y se arrastraron hasta la superficie para vivir entre las plantas e insectos de allí. El hielo derretido salió de la cueva con una gran prisa. Se convirtió en un río, fluyendo pacíficamente a través de la tierra, y el río estaba lleno de todo tipo de peces.

Cuando Yhi vio que las serpientes, lagartos y peces se habían instalado en sus nuevos hogares, volvió a la cueva. Los reptiles e insectos la vieron crear más vida. En esta caverna, Yhi encontró cosas con plumas y cosas con piel. Pronto aves de todo tipo salieron de la caverna para unirse a las otras criaturas de Yhi, y animales de todo tipo salieron corriendo al nuevo mundo con ellos.

Baiame vio todo lo que Yhi había creado y se alegró—. Has traído vida a mi mundo—dijo—. Todo lo que has hecho es muy, muy bueno.

Yhi entonces reunió a todos los seres vivos y explicó que habría diferentes estaciones. Habría estaciones que serían más frías y estaciones que serían más calientes, y se seguirían una a otra por turnos. También explicó que pronto la luz y la oscuridad se seguirían una a otra como el calor y el frío.

Yhi les dijo a sus creaciones—: Mi trabajo aquí está hecho. Ahora debo ir a vivir al cielo. Todavía les daré luz, calor y vida, pero debo hacerlo desde lejos.

Entonces Yhi se elevó al cielo, donde se convirtió en una brillante bola de luz. Se dirigió al cielo occidental, donde comenzó a caminar hacia el horizonte. Mientras bajaba, su color cambió, y su luz comenzó a atenuarse. Pronto Yhi había bajado hasta el horizonte, y la oscuridad cayó sobre la tierra. Todas las criaturas tenían miedo—. ¡Yhi, vuelve!—gritaron—. ¡No nos dejes aquí en la oscuridad!

Las criaturas no tenían por qué preocuparse. Después de un período de oscuridad, el horizonte del este comenzó a brillar con luz. Era Yhi, quien regresaba para ver su creación. Se levantó sobre la tierra y comenzó su paseo por el cielo mientras los pájaros cantaban canciones de bienvenida al amanecer. Ahora el mundo tenía tanto el día como la noche, y los días y las noches podían ser contados.

Cuando Yhi se hundió bajo el horizonte al final de ese primer día, las criaturas estaban de nuevo consternadas. Yhi escuchó su angustia y se apiadó de ellas. Yhi hizo el lucero del alba y envió a Bahloo, la Luna, a vivir en el cielo con el lucero del alba como su marido. Y así el lucero del alba y la Luna brillan cuando Yhi se va a su descanso para que las criaturas sepan que Yhi se preocupa por ellas y regresaría al comienzo de un nuevo día.

Pundjel el Creador

Pundjel es un dios creador venerado por los pueblos indígenas del estado de Victoria. Una de sus características distintivas es el gran cuchillo que lleva consigo, con el que realiza parte de su trabajo de creación. Sin embargo, Pundjel no está solo en la creación del mundo. Tiene un hermano llamado Pallyan, también llamado Palian, que descubre a las primeras mujeres en el barro de un estanque.

Como los mitos de muchas culturas alrededor del mundo, los que conciernen a Pundjel también explican el problema del bien y el mal y cómo la llegada del mal afecta la estructura del universo. Aquí, los malos no sufren la muerte sino que son expulsados del lugar donde vivían y luego son dispersados por todo el mundo.

Pundjel fue quien creó el mundo entero. Y cuando el mundo fue hecho, Pundjel pensó que sería bueno hacer que algunas personas vivieran en él. Pensó por un tiempo en cómo podría hacer esto, y cuando su plan fue hecho, tomó su gran cuchillo y salió a buscar corteza de árbol. Cuando encontró la corteza adecuada, la cortó del árbol. Luego fue a buscar arcilla. Pronto encontró toda la arcilla que necesitaba.

Cuando Pundjel tuvo todas las cosas que necesitaba para hacer personas, tomó un poco de arcilla y la puso en un pedazo de la corteza. Trabajó la arcilla hasta que tuvo la consistencia adecuada. Luego dividió la arcilla en dos pedazos y puso un pedazo de arcilla en cada pedazo de corteza. Pundjel comenzó a dar forma a cada pedazo de arcilla en un hombre. Empezó por hacer los pies, luego las piernas, luego el cuerpo. Pundjel siguió trabajando hasta que sus hombres de arcilla estuvieron completamente formados.

Una vez que los hombres fueron hechos, Pundjel los miró y vio que eran muy buenos. Pundjel puso los pedazos de corteza que sostenían a los hombres de arcilla en ellos en el suelo, y bailó alrededor de ellos.

Pundjel entonces miró de nuevo a los hombres que había hecho y vio que necesitaban cabello. Así que fue y cortó un poco de corteza de un árbol diferente y la convirtió en pelo para los hombres de arcilla. A un hombre le dio pelo liso, y al otro le dio pelo rizado. Esto también era muy bueno, y deleitó tanto a Pundjel que bailó alrededor de los hombres de arcilla una vez más.

Cuando terminó, Pundjel volvió a revisar los cuerpos y se aseguró de que la arcilla estaba en la forma correcta para ser un hombre. Luego fue y respiró en cada figura de arcilla, primero en sus bocas, luego en sus narices, luego en sus ombligos. Respiró muy fuerte en los hombres de arcilla, y ellos cobraron vida y respiraron por sí mismos. Pundjel vio que los hombres de arcilla se habían convertido en criaturas vivas, y por eso bailó alrededor de ellos otra vez. Entonces Pundjel le dio a cada hombre la habilidad de moverse y les enseñó a hablar, y así fue como se hicieron los primeros hombres, allá en el tiempo del sueño.

Pundjel tenía un hermano llamado Pallyan que era el gobernante de todas las aguas. Nada le gustaba más que vadear en los arroyos y en las olas o bucear en el fondo de los lagos y del océano. Un día, Pallyan remaba en un estanque y se deleitaba con el movimiento y el sonido del agua, y su juego removía una gran cantidad de barro.

Pronto el barro era tan espeso en el agua que Pallyan ya no podía ver a través de él.

Incluso con todo el barro en el agua, Pallyan pudo ver algo mientras continuaba su juego. Miró más de cerca y vio lo que se parecía un poco a la mano de uno de los hombres que Pundjel había hecho. Pallyan hizo un anzuelo con una ramita y pescó en el agua. Empujó el agua a un lado y vio que había dos figuras en el barro del estanque. Se veían casi iguales a los hombres que Pundjel había hecho. Tenían cabeza y brazos, cuerpo y piernas, pero no eran exactamente como los hombres de barro de Pundjel. Pallyan había encontrado las primeras mujeres, que habían sido hechas por su juego en las aguas del estanque.

Pallyan llevó a las mujeres a Pundjel, quien estaba muy complacido con ellas. Le dio una mujer a cada hombre y luego comenzó a enseñarles cómo vivir. Pundjel le dio a cada hombre una lanza, y a cada mujer le dio un palo para cavar. Enseñó a los hombres a cazar y a las mujeres a cavar para conseguir ñames y otras cosas buenas para comer.

Pundjel y Pallyan enseñaron a las mujeres y hombres a vivir tres días más. Al final del tercer día, todos se sentaron juntos, y cuando estaban sentados, un gran viento sopló. El viento soplaba y soplaba, y una gran tormenta comenzó. El viento y la tormenta se llevaron a Pundjel y Pallyan a los cielos, y ahí es donde se quedaron.

Después de que Pundjel y Pallyan se fueron, los hombres y mujeres vivieron juntos y tuvieron muchos hijos. Y sus hijos tuvieron hijos, y sus nietos tuvieron hijos, y pronto hubo mucha gente. Durante mucho tiempo, la gente vivió bien y se comportó bien, pero llegó un momento en que muchos de ellos se volvieron malvados y se deleitaban haciendo cosas malas. Pundjel vio lo que la gente malvada estaba haciendo, y eso lo enojó mucho.

Pundjel bajó a la Tierra y causó un gran torbellino. El viento soplaba y soplaba, y mientras soplaba, Pundjel fue entre la gente malvada con su gran cuchillo y cortó a la gente en pequeños pedazos. A medida que cada pedazo golpeaba el suelo, comenzaba a retorcerse como lo hace un gusano. Una vez que toda la gente mala fue cortada en pedazos, el torbellino los recogió y se los llevó. Pundjel hizo que el viento hiciera volar todos los pedazos lejos y los dejara caer en diferentes lugares de todo el mundo. Pundjel recogió a la gente que había sido buena y la colocó en los cielos, donde se convirtieron en estrellas. Y así es como el mundo entero llegó a tener gente en él y como el cielo llegó a tener estrellas.

Las hermanas Wawilak

La Serpiente Arco Iris aparece como un ser creador en los mitos de muchas culturas australianas. El ciclo de mitos que contiene la historia de las hermanas Wawilak combina la fuerza creadora de la Serpiente Arco Iris con la de los Djanggawul, un hermano y dos hermanas que son venerados por el pueblo Yolngu de la Tierra de Arnhem en el Territorio del Norte como creadores del paisaje y las plantas de Australia, así como los antepasados del pueblo de los clanes Dua.

Para cuando la historia de las hermanas Wawilak tiene lugar, el mundo ya está hecho y poblado. El acto de creación de las hermanas se encuentra en los nombres de las plantas, animales y lugares que las hermanas descubren en sus viajes y también en su regalo de canciones, danzas y ceremonias a los clanes Dua, cuyo tótem es la serpiente.

Hace mucho, mucho tiempo, muy atrás en el tiempo del sueños, Yurlunggur la Serpiente Arco Iris creó el mundo. Y cuando terminó de crear, se fue a vivir al fondo de un profundo pozo de agua en el lugar donde vive el pueblo Liagalawumiri. Ese pozo de agua está lleno de manantiales que vienen del mismo centro de la Tierra. Alrededor del pozo había muchas plantas y animales, aunque en aquellos días se veían, se movían y vivían como personas, mientras que en las aguas con Yurlunggur habitaban muchos tipos diferentes de espíritus.

No había gente todavía, allá por el tiempo del sueño, hasta que un hermano y sus hermanas llegaron en una canoa a la orilla este de la tierra. Habían huido de su propio país porque el hermano se había acostado con sus hermanas, lo que era un crimen a los ojos de Yurlunggur. Los descendientes del hermano y las hermanas se asentaron a lo largo de la costa, moviéndose hacia el sur a medida que sus familias crecían y prosperaban.

Entre estos descendientes había dos hermanas, llamadas Garangal y Boalere. Garangal tuvo un pequeño bebé, pero Boalere aún no había encontrado un hombre que le gustara lo suficiente como para darle un hijo propio. Las hermanas vivían pacíficamente y bien con su gente, recogiendo comida y agua, así como dando nombres a las criaturas y plantas que encontraban en la tierra a su alrededor.

Un día, un hombre se acercó a Boalere y le dijo—: Me gustaría hablar contigo. ¿Vendrás conmigo?—Boalere no estaba segura de querer ir con él. En su tribu, Boalere y el hombre se consideraban parientes de algún tipo porque tenían el mismo tótem. Si resultaba que quería acostarse con ella, cometerían incesto, y eso traería graves consecuencias.

Durante muchos días, el hombre persistió. Durante muchos días, Boalere lo miró, sin saber lo que ella quería hacer. Pero ella sabía que era guapo y amable, así que finalmente cedió y se fue al monte con él. Pasaron muchos días. Boalere se dio cuenta de que estaba embarazada. Le contó a su hermana lo que había hecho, y Garangal dijo—: ¡Oh, no! No debemos quedarnos aquí. ¡Si la gente se entera de lo que hiciste, te castigarán! Tenemos que irnos de inmediato.

Boalere sabía que su hermana tenía razón. Aceptó irse con Garangal tan pronto como todos los demás se durmieran. En plena noche, Garangal envolvió a su hijo en corteza de papel, luego las mujeres recogieron sus cosas y se metieron en el monte y se dirigieron al norte, sin decirle a nadie a dónde iban ni por qué.

Viajar resultó ser una aventura muy agradable. Las mujeres vieron muchas tierras nuevas y muchas plantas, pájaros y animales nuevos. Le dieron nombres a cada uno de ellos. Encontraron mucha comida y agua, y descansaron a menudo porque Garangal tenía que detenerse y amamantar a su hijo cuando tenía hambre.

Finalmente, las mujeres llegaron al pozo de agua donde vivía Yurlunggur. Se detuvieron para acampar como siempre lo habían hecho, pero Boalere sabía que algo era diferente. Su vientre había crecido y crecido durante sus viajes con su hermana, y ahora sabía que el niño nacería pronto. Cuando los dolores de Boalere comenzaron, Garangal la ayudó. Después de mucho esfuerzo, Boalere dio a luz a un hermoso niño.

Sabiendo que Boalere necesitaba descansar, Garangal salió al monte a buscar comida. Cogió un bandicut y algunas larvas, y cuando volvió al campamento, hizo un fuego y empezó a cocinar una comida. Pero tan pronto como el bandicut se colocó sobre el fuego para cocinar, volvió a la vida y corrió hacia el pozo de agua, donde saltó y desapareció bajo la superficie.

Garangal pensó que esto era muy extraño, pero sabía que aún quedaban larvas por comer. Pero cuando se giró hacia su bolsa para sacarlas, las vio avanzar en línea, yendo directamente al agua como lo había hecho el bandicut. En lugar de intentar recuperar las larvas, Garangal las observó hasta que llegaron al agua, donde saltaron y desaparecieron bajo la superficie.

—Bueno, todos esos eran animales—se dijo Garangal a sí misma—. Siempre puedo cocinar algunas plantas. Esas no irán a ninguna parte.

Garangal sacó los ñames que había recogido y comenzó a cocinarlos. Pero en cuanto el calor del fuego tocó la piel de los ñames, estas también se escabulleron y se zambulleron en el pozo, como lo hicieron el bandicut y los gusanos.

—Eso fue muy extraño—pensó Garangal—. Me pregunto qué pasaría si recogiera algo de corteza de papel. Boalere la necesitará para envolver a su hijo.

Garangal fue al pozo de agua. Se metió en el agua encantadora y clara y empezó a nadar hacia el otro lado donde había muchos árboles de corteza de papel. Sin que Garangal lo supiera, había empezado su época del mes, y parte de su sangre menstrual se mezcló con el agua mientras nadaba.

Ahora, el agua de aquí era también el hogar de Yurlunggur, y se había despertado cuando escuchó las voces de las mujeres y los gritos de sus bebés. Al principio no pensó mucho en ello, pero cuando olió la sangre de Garangal, se enfadó mucho porque ella había ensuciado su pozo de esa manera. Se levantó del pozo, tomando un gran bocado del agua contaminada mientras iba. Cuando rompió la superficie, estiró su cuerpo hacia el cielo, y escupió el bocado de agua. El agua se convirtió en nubes de lluvia, y pronto un gran torrente de lluvia comenzó a caer.

Las mujeres vieron con horror como la gran serpiente se extendía sobre ellas, y se apresuraron a construir un refugio para ellas y sus bebés mientras la lluvia caía.

—Esta no es una tormenta ordinaria—dijo Boalere—. Cantaré para que se detenga.

Boalere tomó sus palos de canto y salió bajo la lluvia. Empezó a cantar su canción de poder y a bailar su danza sagrada. Pero no importaba lo bien que cantara y lo bien que bailara, no podía hacer nada para detener la lluvia. Además, bailar y cantar tan pronto después de dar a luz hizo que Boalere sangrara de nuevo, y Yurlunggur también olió esa sangre. Enfurecida, la enorme serpiente se enrolló alrededor del campamento de mujeres. Se detuvo un momento y escuchó la letra de la canción de Boalere, una canción de poder del pueblo del tótem de la serpiente. Yurlunggur sabía que estaría mal dañar a las mujeres y a sus hijos porque tenían el mismo tótem que él, pero estaba tan enojado que ignoró esa importante costumbre. Hizo a un lado el refugio de las mujeres, y luego se tragó enteros a los bebés y a sus madres. Luego estiró su cuerpo hacia el cielo una vez más.

Otras serpientes totémicas vieron a Yurlunggur estirándose hacia el cielo. Decidieron unirse a él y preguntarle qué había estado haciendo.

Una serpiente dijo—: ¿Eres tú el que ha hecho esta lluvia, Yurlunggur?

—Sí, en efecto, soy yo quien ha hecho esta lluvia—respondió la gran serpiente.

Entonces otra serpiente notó que el cuerpo de Yurlunggur estaba distendido por haberse comido a las mujeres y sus bebés.

—¿Qué has estado comiendo?—preguntó la serpiente.

—Oh, nada en realidad—dijo Yurlunggur, quien ahora se sentía culpable de haber violado una importante costumbre y se preocupaba por lo que dirían las otras serpientes.

—Es una nada muy grande—dijo una tercera serpiente—. Vamos, dinos la verdad. ¿Qué comiste?

Yurlunggur dudó. Otra serpiente insistió en que les dijera lo que había comido. Finalmente, después de que todas las serpientes le exigieron a Yurlunggur que les dijera lo que tenía en su vientre, la gran serpiente dijo—Bien, se lo diré. Me comí a esas mujeres y a sus bebés, los que estaban acampados cerca de mi pozo de agua.

Las otras serpientes miraban fijamente a Yurlunggur, asqueadas.

—¿Te comiste a tus propias hermanas? ¿Y los hijos de tus propias hermanas? ¿Cómo pudiste hacer tal cosa?—dijo la primera serpiente que había hablado.

—Sí—dijeron las otras serpientes—. ¿Cómo pudiste hacer eso? Tú misma hiciste una ley que las serpientes totémicas no deben comer a la gente serpiente, pero te comiste a las mujeres y a sus hijos.

Enojado y avergonzado, Yurlunggur estrelló su gran cuerpo de vuelta a la tierra. Ahora, algunos dicen que vomitó a las mujeres y a sus hijos en ese mismo momento, mientras que otros dicen que escupió a las mujeres en un lugar diferente donde se convirtieron en piedras, mientras mantenía a los niños en su vientre. Pero todos están de acuerdo en que las mujeres enviaron sueños a los sabios de su tribu, sueños que contaban su historia y explicaban los cantos, bailes y ceremonias que debían hacerse en su honor. Y así es como Garangal y Boalere dieron un importante conocimiento a la Gente de la Serpiente.

Cómo se hizo el Sol

En su colección de leyendas australianas, la autora Katie Langloh Parker afirma que la versión de este mito que le fue contada pertenecía al pueblo Noongaburrah (Ngyiambaa) de Nueva Gales del Sur. Aquí, el sol no es un ser divino, sino que se crea como consecuencia involuntaria de una discusión entre Dinewan, el emú, y Bralgah, la grulla. Este cuento también funciona como una historia que explica por qué las cucaburras hacen sus llamadas de risa al amanecer.

Al principio del mundo, solo había la luna y las estrellas en el cielo. La luna y las estrellas daban un poco de luz, pero aun así estaba bastante oscuro y era muy difícil de ver. En ese momento, no había gente, solo pájaros y animales, y entre los pájaros estaban Dinewan, el emú, y su amiga Bralgah, la grulla.

Un día, Dinewan y Bralgah se pelearon. Discutieron y discutieron y discutieron hasta que finalmente Bralgah se enfadó tanto que cogió uno de los enormes huevos de Dinewan en su pico y lo arrojó al cielo. El huevo voló hacia arriba, hacia arriba, hacia arriba, pero entonces golpeó un montón de leña, donde se abrió. La yema amarilla se filtró en la leña y estalló en llamas.

Una gran luz se derramó del fuego, luz lo suficientemente fuerte y brillante para iluminar el mundo entero. Todos los pájaros y animales miraron al cielo y jadearon. Nunca habían visto una luz tan brillante. Nunca habían visto tanta luz en absoluto. Sin saber lo tonto que era mirar fijamente a una luz tan brillante, algunos animales casi se cegaron al mirarla demasiado tiempo.

Un espíritu del cielo vio el fuego ardiente. Vio lo bien que iluminaba todo en el mundo. El espíritu pensó—Me gustaría que este fuego ardiera todos los días. Lo encenderé cada mañana, y se apagará cada noche. Entonces habrá día y noche.

Cuando el fuego empezó a arder a baja altura, el espíritu del cielo no lo reavivó. Dejó que se apagara. Cuando se apagó, reunió a sus sirvientes, y fueron a recoger leña. Apilaron la leña, y cuando llegó el momento, le dijeron al lucero del alba—: ¡Ve y brilla en el cielo! ¡Que todos sepan que el gran fuego se encenderá pronto!

El lucero del alba subió al cielo y brilló con fuerza. Pero algunas criaturas seguían durmiendo, así que no sabían que ese día iba a llegar. El espíritu del cielo y sus ayudantes pensaron que sería bueno tener también un sonido que ayudara a despertar a las criaturas dormidas al amanecer. Escucharon los sonidos hechos por todo tipo de animales y pájaros, pero ninguno era lo suficientemente fuerte. Entonces un día, escucharon la risa de un pájaro llamado cucaburra. ¡Qué risa era! Era muy, muy fuerte, y se consideraba un buen sonido para despertar incluso al más profundo de los durmientes.

El espíritu del cielo fue a la cucaburra y le dijo—: Me gusta mucho el sonido que haces. Es muy fuerte y despertará a todas las criaturas durmientes. Por favor, ríete cada mañana cuando el lucero del alba se levante para que todas las criaturas sepan que es hora de levantarse.

La cucaburra respondió—: No quiero hacer eso. Parece ser una tarea difícil, ser el que se levanta antes del amanecer cada mañana y despierta a todas las demás criaturas. Por favor, ve y pregúntale a alguien más.

El espíritu del cielo dijo—: Escuchamos los sonidos de todos los demás animales. Tu sonido es el único que es lo suficientemente fuerte. Debes cumplir con este deber; de lo contrario, mis sirvientes y yo no volveremos a encender el gran fuego.

—Bueno, si ese es el caso—dijo la cucaburra—entonces me reiré tan fuerte como pueda cada mañana. No quiero que las otras criaturas piensen que es mi culpa que ya no haya una gran luz en el cielo.

Y así fue que el espíritu del cielo y sus sirvientes recogieron leña cada noche y encendieron un nuevo fuego cada mañana. Por la mañana, el fuego solo empieza a arder, así que no es ni muy brillante ni muy caliente. Pero a medida que avanza el día, más y más leña se quema, de modo que en el medio del día, toda ella arde a la vez, y es muy caliente y muy brillante. A medida que avanza el día, la leña se quema, hasta que al atardecer solo quedan algunos carbones brillantes, y cuando el último carbón se ha apagado, es de nuevo de noche.

Y así es como los padres les dicen a sus hijos que nunca imiten el llamado de cucaburra—. Puede que piense que te estás burlando de ella—dicen los padres—y entonces puede que nunca vuelva a reírse, y el mundo entero estará oscuro para siempre.

Cómo se hizo el lucero del alba

En varios mitos australianos, a veces se crean nuevos objetos celestiales no como recompensa por un comportamiento bueno o heroico, sino más bien como consecuencia de la perfidia. En esta historia, el caníbal Mullyan y sus esposas son castigados por sus crímenes siendo quemados hasta la muerte, pero Mullyan logra escapar a los cielos donde él, su esposa y su brazo incorpóreo se convierten en estrellas.

En el tiempo del sueño, cuando los animales todavía caminaban y parecían personas, había un halcón águila llamado Mullyan. Vivía en una cabaña al final de una rama en lo alto de un alto árbol yaraan con su esposa, Moodai la zarigüeya, y la madre de Moodai, que también se llamaba Moodai. La amiga de Moodai, Buttergah, también vivía con ellos. Buttergah era una ardilla voladora.

Una cosa muy importante y aterradora de esta familia era que todos eran caníbales. Todos los días, Mullyan salía con su lanza especial de caza. Encontraba gente que estaba sola en el monte, que estaba demasiado lejos de sus familias y amigos para pedir ayuda, los mataba y luego los llevaba a casa para que su esposa cocinara para la cena. Una vez que la persona estaba bien cocinada, Mullyan, su esposa, su suegra y la amiga de su esposa se sentaban y se daban un festín.

Mullyan continuó con esta forma de cazar durante mucho tiempo, pero finalmente los amigos y las familias de las personas que Mullyan y los demás habían comido comenzaron a preguntarse por qué tanta gente había desaparecido sin dejar rastro.

—No podemos dejar que esto continúe—dijo un hombre, cuyo campamento había perdido cinco personas en las últimas dos semanas—. Tenemos que detener lo que sea que siga llevándose a la gente.

—Sí—dijo otro—pero ¿cómo lo haremos?

Un tercer hombre dijo—Bueno, todo lo que tenemos que hacer es esperar hasta que lo que sea se lleve a alguien más y luego ver si podemos rastrearlo desde allí.

Todos se sentían enfermos de corazón ante esta sombría sugerencia, porque significaba que al menos una persona más tendría que desaparecer antes de poder resolver el problema, pero nadie más tenía mejores ideas.

No pasó mucho tiempo antes de que uno de los cazadores del campamento desapareciera. Sus amigos tomaron sus armas y siguieron sus huellas hasta que encontraron el lugar donde Mullyan lo había matado. Luego siguieron las huellas de Mullyan hasta el pie de su árbol yaraan. Podían ver la cabaña en lo alto de las ramas, pero nadie pudo subir al tronco recto y liso del árbol.

—Esto es inútil—dijo un hombre, después de que él y varios otros intentaran subir al árbol—. Nunca llegaremos a ellos de esa manera.

—Puede que nosotros no lo hagamos, pero conozco gente que sí puede—dijo otro—. Los Bibbees son pájaros carpinteros, y son famosos escaladores. Creo que también deberíamos preguntarle a Murrowandah, la rata trepadora. Todos son amigables con nosotros, y creo que nos ayudarán si se lo pedimos.

Los hombres del campamento eligieron a sus corredores más rápidos para ir a buscar ayuda entre los pájaros carpinteros y las ratas trepadoras. Dos jóvenes Bibbees volvieron al campamento, al igual que Murrowandah—. ¡Dinos lo que necesitas que hagamos y lo haremos!—dijeron.

La gente explicó que Mullyan y su familia habían estado cazando y comiendo gente de su campamento, pero que vivían en la cima de un árbol yaraan muy alto al que nadie podía trepar.

—Sabemos que todos ustedes son expertos escaladores—dijo el anciano del campamento a los Bibbees y Murrowandah—. Necesitamos que suban a la cabaña de Mullyan y se ocupen de él y de su familia.

—Sé exactamente lo que debemos hacer—dijo Murrowandah—. Empezaremos por la mañana.

Al amanecer, les Bibbees y Murrowandah comenzaron a subir al árbol. Fueron tan sigilosamente como pudieron, vigilando a Mullyan y a su familia. Cuando Mullyan dejó la cabaña para ir a cazar, los Bibbees y Murrowandah se escondieron en el lado opuesto del tronco de donde estaba hasta que se fue. Luego continuaron su ascenso hasta llegar a la cabaña.

En silencio, se metieron en la cabaña sin que ninguna de las mujeres los viera o escuchara. Cogieron un palo ardiente de la chimenea y lo escondieron en una esquina de la cabaña, donde empezó a arder. Entonces los Bibbees y Murrowandah bajaron del árbol tan rápido y silenciosamente como pudieron.

—Entonces, ¿están todos muertos?—preguntó la gente cuando los pájaros y la rata volvieron al suelo.

—Todavía no—dijo la rata—. Escondimos un palo ardiente dentro de la pared de su cabaña. La cabaña tardará un tiempo en incendiarse. Pero mientras tanto creo que todos aquí deberían alejarse porque si el árbol entero se enciende, podría caer sobre alguien, y eso sería algo malo.

El pueblo estuvo de acuerdo con este plan. Se trasladaron a una distancia segura y observaron y esperaron a ver qué sería de Mullyan y sus mujeres.

En la cabaña en la copa del árbol, Moodai, la esposa de Mullyan, olfateó el aire—. ¿Hueles eso?—preguntó.

—¿Oler qué?—dijo su madre.

—Humo—dijo Moodai.

—Bueno, por supuesto que huelo humo, tonta—dijo su madre—. Acabamos de hacer el fuego para poder cocinar a quienquiera que tu marido traiga a cenar.

Moodai no estaba segura de que su madre tuviera razón, pero no quería causar un escándalo.

Un poco más tarde, escuchó un sonido crepitante.

—¿Oíste eso?—dijo.

—¿Oír qué?—dijo su madre.

—Ese sonido crepitante. Era como el crepitar de los palos en el fuego—dijo Moodai.

—Bueno, por supuesto que hay palos que crujen en el fuego, tonta—dijo su madre—. Eso es lo que pasa cuando enciendes un fuego hecho de palos como nosotros.

De nuevo, Moodai pensó que tal vez su madre estaba equivocada, pero no tenía ganas de discutir con la anciana justo antes de que su marido llegara a casa.

Era tarde cuando Mullyan llegó a casa. Había estado cazando todo el día y no había encontrado a nadie a quien matar y comer para la cena. Estaba cansado y de mal humor, y cuando vio que la cabaña estaba llena de humo, se enfadó mucho.

—Apaguen ese fuego, ¿quieren?—dijo—. No es como si hubiera traído algo para cocinar, y apenas puedo respirar aquí. Apaguen el fuego para que pueda descansar un poco.

Mullyan fue a su lugar de dormir y se acostó mientras las mujeres apagaban el fuego. Pero el humo no se despejó. Mullyan se sentó y dijo—: ¡Creí haberles dicho que apagaran el fuego!

—¡Lo hicimos!—dijo Buttergah—. ¿Ves? Está completamente apagado.

—Entonces, ¿por qué este lugar sigue lleno de humo?—dijo Mullyan.

Tan pronto como dijo eso, el lugar donde la rata había escondido el palo ardiente rugió en llamas. Mullyan y su familia trataron desesperadamente de apagar el fuego, pero sus esfuerzos fueron en vano. El brazo de Mullyan se quemó, y los pies de su esposa y su suegra se chamuscaron, al igual que la piel de Buttergah. Pero este no fue el final de sus penas. No pudieron escapar de las llamas, así que se quemaron junto con su cabaña hasta que no quedaron más que cenizas y huesos.

La gente en el suelo había pasado todo el día viendo las crecientes olas de humo, y cuando las llamas salieron del extremo de la choza, aplaudieron. La ovación se convirtió en un rugido de alegría cuando toda la cabaña estaba envuelta en llamas. Todos estaban tan felices y aliviados, así como increíblemente agradecidos a los Bibbees y Murrowandah por su ayuda. Finalmente toda la gente estaría a salvo de esos horribles caníbales.

Y sí, estaban realmente a salvo, pero este no fue el final de Mullyan, no de hecho. Se elevó al cielo, donde se convirtió en Mullyangah, el lucero del alba. Se llevó consigo su brazo quemado, que se convirtió en una pequeña estrella, y su esposa, Moodai, que se convirtió en una estrella más grande. Y ahí están en el cielo hasta el día de hoy.

La historia de las Maimai

Las siete estrellas de las pléyades son objeto de mitos de todo el mundo, y Australia no es una excepción. En esta historia, las pléyades se crean cuando dos hermanas que han sido secuestradas por el héroe cultural Wurrunna se unen a las otras cinco hermanas que ya se han ido a vivir al cielo.

Una vez hubo un hombre llamado Wurrunna, que se peleó con su gente. Wurrunna se enfadó tanto que decidió dejar su casa y viajar por todo el mundo buscando un lugar mejor para vivir. Tuvo muchas aventuras en su camino. Una vez, se encontró con una tribu de gente que no tenía ojos—. ¿Cómo ven?—preguntó Wurrunna—. Vemos a través de nuestras narices—dijo la gente. En otra ocasión, Wurrunna durmió cerca de un lago de agua buena y fresca, pero cuando se despertó por la mañana, el lago había desaparecido como si nunca hubiera estado allí. Wurrunna tuvo todas estas aventuras y más mientras vagaba por el mundo buscando un lugar mejor para vivir.

Finalmente, Wurrunna llegó a un campamento donde había siete mujeres jóvenes. Wurrunna entró en el campamento y dijo—: Por favor, ¿puedo quedarme aquí con ustedes esta noche? He estado vagando por el mundo durante mucho tiempo, y estoy cansado, hambriento y sediento.

Las jóvenes dieron la bienvenida a Wurrunna con gusto. Le dieron comida y bebida y le invitaron a pasar la noche en su campamento. Cuando Wurrunna preguntó quiénes eran, las jóvenes dijeron—: Nos llamamos las Maimai. Nosotros también estamos vagando. Nos gusta ir a lugares nuevos y conocer gente nueva.

Wurrunna nunca había visto mujeres jóvenes tan hermosas. Decidió que una de ellas debía ser su esposa. Esa noche, se fue a dormir sin decir nada sobre su deseo por las mujeres, y por la mañana, les dio las gracias y se alejó de su campamento como si continuara su viaje. Cuando pensó que había llegado tan lejos que las mujeres ya no podían verle, Wurrunna se escondió y esperó a ver qué harían las mujeres—. Tal vez pueda atrapar a una de ellas—pensó—y entonces tendré una hermosa esposa. Estoy cansado de estar solo todo el tiempo.

Muy pronto, Wurrunna vio a las jóvenes salir del campamento, llevando sus palos de excavación. Se dirigieron a un nido de hormigas voladoras. Las mujeres hurgaron en el nido con sus palos, y cuando se desenterró lo suficiente del nido, las mujeres dejaron sus palos y empezaron a comerse las larvas.

Mientras las mujeres no miraban, Wurrunna salió sigilosamente de su escondite, robó dos de los palos y volvió a esconderse. Las mujeres terminaron de comer y fueron a recoger sus palos—. ¿Dónde están nuestros palos?—dijeron dos de las chicas—. Los pusimos justo ahí.

—No lo sabemos—dijeron las otras—. Vamos a volver a nuestro campamento. Pueden quedarse aquí y buscar sus palos.

Las dos jóvenes buscaron sus palos por todas partes. Cuando se acercaron lo suficiente al escondite de Wurrunna, él saltó y las agarró. Las mujeres lucharon por escapar, pero no pudieron romper el control de Wurrunna. Gritaron para que sus hermanas vinieran a ayudarlas, pero sus hermanas ya estaban demasiado lejos para oírlas. Finalmente, Wurrunna dijo—: Dejen de luchar o les haré daño. Dejen de luchar, y déjenme decirles lo que quiero. Quiero que sean mis esposas. Prometo que les trataré muy bien, si dejen de luchar conmigo.

Las mujeres aceptaron ser esposas de Wurrunna a regañadientes. Juntos, los tres continuaron viajando—. Entiendes que nuestra familia se dará cuenta de que hemos desaparecido—dijeron las chicas—. Vendrán a buscarnos, y no serán amables cuando te encuentren.

Después de escuchar esto, Wurrunna decidió que debían viajar más lejos todavía. Viajó con las mujeres durante algunos días y notó que parecían estar asentándose en una vida pacífica con él. Pero siempre que Wurrunna salía a cazar, las mujeres se hablaban entre ellas sobre cómo podrían volver con su familia y si su familia seguía buscándolas.

Un día, se detuvieron y acamparon. No muy lejos había un puesto de pinos—. Vayan y corten un poco de corteza de pino para nuestra hoguera—dijo Wurrunna.

—Oh, no—dijeron las mujeres—. No debemos hacer eso.

—Hagan lo que les digo—dijo Wurrunna—. Soy su marido, y les digo que vayan a cortar corteza de pino.

Las mujeres respondieron—: Si cortamos la corteza del pino, no nos volverás a ver.

—Dejen sus tonterías—dijo Wurrunna—. Cojan sus hachas y consigan corteza de pino para nuestro fuego. Tráiganla ahora.

Las mujeres tomaron sus hachas y caminaron hacia los pinos, mientras que Wurrunna permaneció en el campamento. Cada mujer eligió un árbol y agitó su hacha hacia el tronco. Tan pronto como las hachas picaron la madera, los árboles empezaron a crecer. Colgando de sus hachas, las mujeres fueron arrancadas del suelo a medida que los árboles crecían más y más.

De vuelta al campamento, Wurrunna se preguntaba por qué no oía más sonidos de corte de madera. Se acercó al lugar de pinos y vio a sus mujeres siendo llevadas cada vez más alto en el cielo por sus árboles.

Las dos mujeres miraron al cielo, y allí vieron a sus cinco hermanas—. Suban a las ramas de sus árboles—dijeron las cinco hermanas—. Suban tan alto como puedan, y luego dennos sus manos. Deben venir a vivir con nosotras en el cielo.

Las dos mujeres hicieron lo que sus hermanas les pidieron. Subieron, subieron, hasta las copas de sus árboles, donde estiraron sus manos a sus hermanas en el cielo. Las cinco hermanas ayudaron a las dos a subir al cielo con ellas, y allí las siete brillan juntas hasta el día de hoy.

El boomerang de Kandju

Uluru es una formación masiva de arenisca que se levanta sobre las llanuras de Australia central, en la parte sur del Territorio del Norte. Uluru, que fue llamada Ayers Rock por los colonos blancos, es sagrada para el pueblo Pitjantjatjara Anangu, que son indígenas de la zona que rodea a Uluru. La propiedad de Uluru se devolvió a los Pitjantjatjara en 1985, pero la prohibición de escalar el monolito (algo que los australianos indígenas consideran un sacrilegio) no se estableció hasta finales de 2019.

Los lados de Uluru están marcados con muchos surcos y salpicados de agujeros y cuevas. Estas características se convirtieron naturalmente en el tema de los mitos que rodean la creación y la historia de Uluru. Uno de ellos es la leyenda de Kandju y su bumerán. Como muchos de los personajes de los mitos del tiempo del sueño, Kandju es a la vez lagarto y hombre. En este mito, Kandju crea las marcas en la ladera de Uluru cuando intenta sacar su bumerán de la arenisca. La historia que se cuenta aquí es solo uno de los muchos mitos que rodean las actividades de Kandju, que crearon muchos otros rasgos en y alrededor de Uluru y que son parte de la naturaleza sagrada de ese lugar.

En el tiempo del sueño, había un hombre lagarto llamado Kandju. Kandju era el mejor lanzador de boomerang de todo el mundo. Nadie podía lanzar un bumerán tan lejos como Kandju, y nadie podía lanzarlo con más precisión. Kandju también era muy bueno haciendo bumeranes. Hizo muchos bumeranes finos para sí mismo y los usó cuando fue a cazar. A veces los lanzaba solo por el placer de hacerlo y para ver hasta dónde podía hacerlos llegar.

Un día, Kandju salió al monte con su mejor bumerán. Quería ver cuán lejos podía lanzarlo. Después de unos cuantos lanzamientos de práctica, lanzó el bumerán con toda su fuerza y habilidad. El bumerán voló por el aire, yendo más y más lejos hasta que se enterró profundamente en la arenisca de Uluru, la gran roca que se eleva por encima del arbusto plano en el centro de Australia.

Kandju esperó mucho tiempo para que su bumerán regresara. Esperó y esperó y esperó, y finalmente se dijo a sí mismo—Ni siquiera yo puedo lanzar un bumerán tan lejos. Algo debe haberle pasado. — Así que Kandju se puso en marcha en la dirección en la que había lanzado el bumerán, buscando todo el tiempo para ver dónde había aterrizado o qué había golpeado.

Después de un viaje muy largo, finalmente llegó a Uluru. Allí encontró su bumerán, clavado profundamente en la arenisca.

—¡Oh, no!—dijo Kandju—. ¡Ese es mi mejor bumerán! ¡Tengo que recuperarlo!

Kandju comenzó a escarbar en la roca, tratando de liberar su bumerán. Después de mucho cavar, finalmente recuperó el bumerán, lo que lo hizo muy feliz. Pero los rastros de su excavación siguen ahí en la ladera de Uluru hasta hoy, en las profundas marcas de la roca que corren por su superficie.

Parte II: Dioses, héroes y monstruos

Las esposas de Baiame

Baiame es el dios creador de varias tribus del sur de Australia. Además de haber hecho el mundo, Baiame también se desempeña como un héroe que se enfrenta a varios peligros y sale victorioso.

En este cuento, Baiame debe rescatar a sus esposas de los cocodrilos que se las han tragado, y en el proceso, crea el Lago Narran en el centro-norte de Nueva Gales del Sur. Para llevar a cabo el rescate, Baiame utiliza dos armas tradicionales de los indígenas australianos, la woomera *y la* nulla-nulla. *La* woomera *es un palo lanzador, algo así como un átlatl, y se usa para dar mayor poder y distancia al lanzamiento de una lanza. Un* nulla-nulla *es un palo utilizado para la caza. Los sacos de* dilly *que usan las mujeres se tejen tradicionalmente con fibras vegetales.*

Baiame fue quien hizo el mundo, y cuando su trabajo de creación terminó, vivió en el mundo por un tiempo con sus esposas, que se llamaban Birra-nulu y Kunnan-beili. Un día, Baiame dijo a sus esposas—Voy a salir a buscar miel. Cojan sus palos de cavar y vayan a buscar ñames y ranas. Nos encontraremos en el manantial de

Coorigil. Es un buen lugar para acampar. ¡Pero tengan cuidado! El agua del manantial es solo para beber, no para bañarse. ¡No se metan al agua!

Y así Baiame salió a buscar miel, mientras sus esposas se dirigían al lugar donde crecían los ñames. Cavaron muchos ñames, y luego fueron a un estanque donde había muchas ranas. Cuando habían atrapado suficientes ranas, fueron al manantial e hicieron un refugio para que durmieran con su marido, así como un lugar para almacenar su comida.

Cuando el trabajo de las esposas terminó, Baiame aún no había regresado de su tarea. El día era muy caluroso, y ambas mujeres habían trabajado muy duro, y el agua del manantial estaba fresca y clara.

—Vamos a nadar—dijo Birra-nulu—. Hace mucho calor, y el agua parece tan atractiva.

—¡No, no debemos!—dijo Kunnan-beili—. Baiame nos dijo que no lo hiciéramos.

Las mujeres discutieron sobre esto durante un tiempo, pero al final Kunnan-beili cedió. Ambas se quitaron la ropa y saltaron al agua. El agua estaba clara y fresca y era agradable al tacto. Las mujeres nadaron felices durante un rato, hasta que de repente dos grandes Kurreahs, los cocodrilos que custodiaban el manantial, nadaron desde las profundidades y se tragaron a las mujeres enteras.

Los Kurreahs sabían que se habían comido a las esposas de Baiame, y sabían que tenían que escapar rápidamente si querían escapar de su ira. Los Kurreahs nadaron abajo, abajo, abajo en lo profundo de las aguas del estanque, donde había un canal que llevaba agua al manantial desde el río Narran. Los Kurreahs se metieron en el canal, bloqueando el flujo de agua. Al empujar sus cuerpos a través del canal, también empujaron el agua delante de ellos. Se movieron tan rápido que crearon una enorme ola de agua que surgió del final del canal y del otro extremo. La ola era tan grande, que hizo que el río se desbordara en sus orillas, y cuando la ola finalmente pasó, el lecho del río estaba completamente seco.

Los Kurreahs comenzaron a apresurarse por el curso del río, sabiendo que Baiame probablemente vendría a buscarlos muy pronto. Y los Kurreahs estaban en lo cierto: mientras habían estado luchando por el canal y empujando toda el agua fuera del río, Baiame volvió al campamento con una buena cantidad de miel. Dejó la miel y llamó a sus esposas. Ellas no respondieron. Los únicos sonidos eran los llamados de los pájaros y el croar de las ranas que las mujeres habían recogido en sus bolsas. Baiame miró a su alrededor y notó que el nivel del manantial era mucho, mucho más bajo de lo que había sido cuando se fue. Miró un poco más, y encontró la ropa de sus esposas al lado del manantial. Luego miró más de cerca el manantial, y notó la boca del canal que los Kurreahs habían usado para su escape.

—¡Ajá!—pensó Baiame—. ¡Mis esposas me desobedecieron, y los Kurreahs se las tragaron!

Agarrando sus armas en sus manos, Baiame entró en el canal y comenzó a arrastrarse por él. Muy pronto, salió por el otro lado y vio que el lecho del río se había secado. Subió a la orilla del ahora río seco y miró a lo largo del lecho del río. Mientras subía por la orilla, desprendió piedras y rocas, y estas se convirtieron en las crestas que hoy corren a lo largo del río Narran.

Cuando Baiame llegó a la cima de la orilla del río, vio a los dos Kurreahs en la distancia, apresurándose tan rápido como sus cuerpos lentos podían llevarlos a tierra firme. Baiame se apresuró a lo largo de la orilla del río, y pronto llegó a un lugar donde el agua se extendía para hacer un lago poco profundo. Sabía que los Kurreahs se dirigían a este lago, así que preparó sus armas y esperó a que llegaran los grandes cocodrilos.

No pasó mucho tiempo antes de que la oleada de agua que los Kurreahs empujaban delante de ellos entrara en el lago, con los

Kurreahs cerca detrás de ella. Tan pronto como los Kurreahs subieron a la orilla, Baiame tomó su lancera y la clavó. Arrojó la lanza con todas sus fuerzas, y voló hacia el primer Kurreah, atravesando la cabeza. Luego corrió hacia el segundo Kurreah y lo golpeó con su nulla-nulla. Mientras estaba aturdido, Baiame tomó su cuchillo y le cortó la garganta. Luego hizo lo mismo con el primer Kurreah.

Los cuerpos de los Kurreahs fueron fuertemente golpeados de un lado a otro en su agonía mortal. Cuando los Kurreahs estaban muertos, Baiame tomó su cuchillo y les abrió el vientre. Los cuerpos de las mujeres cayeron a la orilla del río, inmóviles y cubiertos de baba. Baiame miró a su alrededor y vio un gran nido de hormigas rojas. Recogió un gran número de hormigas y las puso sobre los cuerpos de sus esposas. Las hormigas corrían por el cuerpo de las mujeres, lamiendo la baba y ocasionalmente picando y pellizcando la piel de las mujeres. Después de un tiempo, el cosquilleo de las patas de las hormigas, sus picaduras y mordeduras comenzaron a despertar a las mujeres.

Las mujeres abrieron los ojos y vieron a Baiame mirándolas. Avergonzadas, se pusieron de pie ante él.

—Lamentamos haberte desobedecido—dijeron—. Nos dijiste cómo podíamos mantenernos a salvo y no te escuchamos.

—Sí, y tuvieron suerte de que volviera al campamento cuando lo hice. Si hubieran estado en las entrañas de los Kurreahs mucho más tiempo, no habría quedado lo suficiente de ustedes para que yo reviviera. ¿Quizás la próxima vez me escuchen?

—¡Oh, sí!—dijeron las mujeres—. ¡Nunca más iremos a nadar sin tu permiso!

Entonces Baiame miró los surcos y depresiones en la tierra que habían sido hechos por los golpes de los Kurreahs.

—Que se llenen de agua, que las aguas se unan y formen un lago—dijo—y que muchas aves acuáticas se reúnan aquí.

Y así es como se hizo el Lago Narran.

Bahloo y sus perros

Bahloo es simultáneamente la luna y el dios de la luna. Como muchos dioses, tiene el poder de conceder o negar la vida eterna. En esta historia, aprendemos por qué los humanos deben permanecer mortales. Tienen que tomar una terrible decisión, ya sea manejar serpientes mortales, que pueden morderlos y matarlos, pero les conceden la vida eterna, o negarse a sostenerlas, una decisión que los mantendrá mortales.

Aunque el tema de esta historia es bastante serio, tiene un cierto elemento cómico. El humor reside en la insistencia de Bahloo en que las serpientes mortales que posee como mascotas son en realidad sus "perros" que saca a pasear, como si sus resbaladizos amigos fueran en realidad caninos.

Una cosa que a Bahloo, la Luna, le gustaba mucho hacer era sacar a sus perros a pasear. Tenía tres perros, y estaba muy contento con ellos. Excepto que no eran realmente perros. Los "perros" de Bahloo eran en realidad serpientes de las más mortíferas. Bahloo tenía tres de ellas: una víbora mortal, una serpiente tigre y una serpiente negra.

A veces Bahloo caminaba con sus perros por la noche. A veces caminaba con ellos durante el día. Durante uno de esos paseos diurnos, Bahloo se encontró con unos hombres que cazaban y pescaban a lo largo de un río.

—¡Saludos, Bahloo!—gritaron los hombres—. ¡Ven y siéntate un rato en nuestro campamento!

—¡Saludos!—gritó Bahloo—. Me encantaría sentarme con ustedes, pero estoy paseando a mis perros ahora mismo y no debo detenerme. Queremos ir al otro lado del río, pero no puedo cruzar con mis perros al mismo tiempo. ¿Podrían por favor llevar a mis perros al otro lado por mí?

Los hombres dudaron. No querían ofender a Bahloo, pero también querían seguir vivos—. Oh, no, Bahloo—dijeron los hombres—. Por favor, perdónanos, pero no podemos cruzar con tus perros.

—¿Por qué no?—dijo Bahloo. Recogió a sus perros, y se envolvieron cómodamente alrededor de su cuello y brazos—. ¿Ven? Son realmente bastante mansos.

—Son mansos contigo, Bahloo, pero no con nosotros—dijeron los hombres—. Tus perros son buenos perros, estamos seguros, pero tienen veneno en sus colmillos, y morderían si alguien más que tú tratara de tocarlos. Si nos muerden, moriremos. No podemos llevar a tus perros al otro lado del río.

—Déjenme mostrarles algo—dijo Bahloo. Cogió un trozo de corteza en una mano y una piedra en la otra—. Miren la corteza. Voy a tirarla al río. Miren lo que hace.

Bahloo arrojó la corteza al río. Flotó suavemente en la superficie y fue llevada río abajo por la corriente—. Si llevan mis perros por mí, serán como ese pedazo de corteza. No morirán, pero volverán a la vida y vivirán de nuevo. Ahora miren esta piedra—dijo, mientras arrojaba la piedra al río, donde se hundió rápidamente—. Si se niegan a llevar a mis perros, serán como la piedra. Morirán y no volverán nunca más.

—Bahloo, tu regalo de la vida eterna es generoso, pero no podemos aceptarlo—dijeron los hombres—. No podemos llevar tus perros por ti. Les tenemos demasiado miedo y no queremos que nos muerdan. Por favor, perdónanos.

—Muy bien—dijo Bahloo—. Tuvieron su oportunidad. Se negaron a ayudarme. De ahora en adelante, cuando la gente muera, se quedará muerta para siempre. Ahora vamos—les dijo a sus perros—. Tenemos que cruzar el río.

Bahloo vadeó el río. Los hombres lo vieron cruzar al otro lado, donde continuó su viaje sin mirar atrás ni una sola vez. Desde ese día, Bahloo nunca más bajó a pasear a sus perros o a hablar con la gente, pero envió muchas más serpientes a vivir en la tierra, donde daban muchos problemas a la gente. Y así es que cuando la gente muere, permanece muerta para siempre, y así es que cuando la gente ve uno de los "perros" de Bahloo, lo matan lo antes posible.

Los hermanos Winjarning y Cheeroonear

Los Hermanos Winjarning son héroes semidivinos que viajan a varios lugares para ayudar a los necesitados. En esta historia, rescatan un campamento de gente del monstruoso Cheeroonear y su igualmente monstruosa esposa y perros de caza. En este cuento, los héroes luchan y derrotan a los monstruos no solo con la fuerza de las armas, sino con la astucia y la ayuda de las personas que tratan de salvar.

Este cuento gira en parte alrededor del problema del acceso al agua. Gran parte de Australia es árida, y en algunas partes del país, el agua se encuentra bajo la superficie en lugar de acumularse en los billabongs (lagos oxbow que se forman cuando un río cambia de curso) o correr en los ríos. Se puede acceder a esta agua volteando las rocas que ocultan los manantiales que fluyen debajo de ellas, una acción que vemos realizar a Cheeroonear en esta leyenda.

Había una vez una temible criatura llamada Cheeroonear, que vivía y cazaba con sus perros en la llanura de Nullarbor. Cheeroonear era enormemente alto y tenía la cabeza de un perro con la mandíbula inferior de un pelícano. La bolsa del pelícano llegaba desde su mandíbula hasta el hueco en el medio de su cuerpo, justo donde las costillas deben juntarse. Excepto que las costillas no se unían en el cuerpo de Cheeroonear; en cambio, tenía dos lados separados, uno de los cuales contenía sus pulmones y el otro su corazón.

No solo era Cheeroonear un gigante, sino que también tenía brazos muy largos que iban desde los hombros hasta los tobillos. Pero quizás lo más aterrador de esta criatura era su gusto por la carne humana. Pensaba que la mejor cena del mundo era la carne que obtenía de los desafortunados seres humanos que robaba de sus campamentos o atrapaba en el monte.

Nadie había visto nunca a Cheeroonear, aunque los cazadores a veces se encontraban con sus huellas. Y todos sabían lo que pasaba cuando alguien de su banda desaparecía, porque muy pronto alguien salía a cazar o a buscar ñames o miel y se encontraba con una pila de huesos humanos con marcas de dientes.

Llegó un momento en el que no había habido lluvia, y cada día era tan caliente como podía ser. Los abrevaderos y los arroyos se secaron, y no hubo descanso del calor. Gente, animales y pájaros encontraron sombra y refugio donde pudieron, pero nada de lo que pudieron encontrar les dio alivio.

Un día, en medio de este insoportable calor, algunas personas estaban sentadas a la sombra de los árboles en la cima de una colina cerca de uno de los últimos abrevaderos. Estaban demasiado cansados, sedientos y demasiado chamuscados para hacer mucho más que sentarse allí, mirar la llanura, esperar que el calor se fuera y la lluvia volviera. Un hombre miró a la llanura y vio algo o alguien en la distancia. Estaba caminando hacia el abrevadero. A medida que se acercaba, la sangre del hombre se enfriaba, a pesar del calor opresivo. La criatura no era un ser humano. Era Cheeroonear, y caminaba directamente hacia el lugar donde estaba la gente.

El hombre se volvió hacia su familia y amigos y dijo—: ¡Levántense! ¡Muévanse! ¡Escóndanse! ¡Cheeroonear está llegando!

La gente gimió y le dijo al hombre que se sentara y se callara, pero él insistió—. ¡Miren! ¡Allí mismo! ¡Se dirige directamente a nosotros, y nos comerá a todos seguro si no nos escondemos!

La gente miró en la dirección que el hombre estaba señalando, y allí, seguro, estaba el Cheeroonear de ocho pies de altura, con cabeza de perro, caminando hacia ellos, con sus nudillos arrastrándose en el polvo. Tan rápido como podían hacerlo en su estado de deshidratación, la gente se escondió detrás de los árboles y las rocas. Se sentaron tan quietos como pudieron y esperaban que Cheeroonear los pasara sin notar que estaban allí.

Cheeroonear se acercó más y más. Cuando llegó al pozo de agua, quitó la roca que cubría el agua, y luego se arrodilló y bebió. Bebió y bebió y bebió, y la gente pudo ver la gran bolsa de Cheeroonear llena de agua. Cuando hubo bebido lo suficiente, Cheeroonear se puso de pie. La bolsa en el medio de su cuerpo estaba toda dilatada con agua. No había dado dos pasos cuando se giró y vomitó todo lo que había bebido. Algunos huesos humanos salieron con el agua. Cuando terminó de vomitar, Cheeroonear olfateó el aire y miró a su alrededor.

—Puede que no sea capaz de verlos—dijo la criatura—pero puedo olerlos, gente. Volveré, y yo, mi esposa y mis perros nos daremos un festín con sus hijos y luego con sus cadáveres.

Con eso, Cheeroonear se dio la vuelta y se alejó del abrevadero. La gente se sentó en sus escondites y se estremeció, no queriendo moverse hasta estar seguros de que el monstruo se hubiera ido. Cuando estruendosos sus pasos finalmente se desvanecieron en la distancia, la gente salió de su escondite.

—Oh, ¿qué vamos a hacer?—dijo una mujer—. ¿Cómo podemos protegernos de esa criatura?

—Tendremos que acecharlo y matarlo cuando regrese—dijo un hombre.

—¡Sí!—dijeron otros hombres—. Somos muchos, y él es solo una criatura. Deberíamos matarlo.

Entonces un sabio anciano habló—. Sí, puede que maten a Cheeroonear, ¿pero qué pasa con sus perros? Y tal vez no tengamos la fuerza para matar a tal bestia. ¿Quién sabe qué poderes podría tener?

El primer hombre que habló dijo—: No tenemos más remedio que intentarlo. Pero tú eres sabio entre nosotros, y tal vez conozcas un plan mejor.

—Oh, sí—dijo el anciano—. Sé exactamente lo que debemos hacer. Deberíamos enviar a dos de nuestros más veloces corredores a buscar a los hermanos Winjarning. Son los mejores guerreros del mundo, y solo ellos podrán detener a Cheeroonear. Vi al hermano menor cerca de aquí en la costa recientemente. Puede que todavía esté allí. Si lo encuentran, les llevará con su hermano mayor, y luego podrán traerlos a ambos para ayudarnos.

Y así los corredores se dirigieron hacia la costa para ver si podían encontrar a los hermanos. Como sucedió, ambos hermanos estaban juntos, pasando el día en la costa. Los corredores vieron a los dos hombres sentados en la arena. Los corredores se acercaron a los hombres sentados y les dijeron–: ¿Son ustedes los hermanos Winjarning? Hemos sido enviados por nuestro campamento para encontrarlos. Necesitamos desesperadamente su ayuda.

Los hermanos se pusieron de pie y dijeron–: Sí, somos los hermanos Winjarning. ¿Qué necesitas de nosotros?

El primer corredor dijo–: Nuestra gente se estaba refugiando del calor bajo unos árboles en la ladera de una colina cuando una extraña criatura vino caminando hacia nuestro abrevadero. Cuando se acercó lo suficiente, vimos que era un Cheeroonear. Bebió un poco de agua, y luego la vomitó de nuevo. Luego dijo que podía olernos y dijo que volvería con su esposa y sus perros para comernos a nosotros y a todos nuestros hijos. No sabemos qué hacer contra un monstruo tan temible. Por favor, ¡vuelvan con nosotros a nuestro campamento y ayúdennos!

Los hermanos dijeron–: Sin duda les ayudaremos. Iremos a tu campamento esta noche cuando la luna esté alta. La profecía dice que una vez que Cheeroonear haya sido visto por ojos humanos, su muerte estará sobre él. Dile a tu gente que estamos en camino.

Los corredores volvieron a su campamento con el mensaje de que los hermanos Winjarning venían a ayudarlos. Todos se alegraron mucho por esto, y esperaron expectantes a que cayera la noche y saliera la luna. Esa noche era luna llena, así que toda la tierra estaba cubierta de luz plateada.

Como lo prometieron, los hermanos Winjarning llegaron justo cuando la luna estaba en su punto más alto. Entraron en el campamento, donde fueron vistos y reconocidos por el sabio anciano—. Bienvenidos a nuestro campamento—dijo el anciano—. Necesitamos su ayuda con urgencia. Cheeroonear estuvo aquí hoy. Volverá con su esposa y sus perros y nos comerá a nosotros y a nuestros hijos si no lo detenemos. Ustedes son los mejores guerreros del mundo entero. Haremos todo lo que nos digan que hay que hacer.

—Nos complace ayudarte—dijo el hermano mayor—y lo que necesitamos que hagas es esto: envía a todos tus hombres más fuertes al monte. Haz que corten toda la maleza que puedan llevar y luego tráela aquí. Cuando tengamos suficiente arbusto, te mostraremos qué hacer con él.

Los hombres salieron a los arbustos y cortaron una gran cantidad de arbustos. Cuando la trajeron de vuelta, los hermanos les hicieron construir un canal con ella. El canal tenía dos lados, más ancho en el extremo opuesto al campamento y tan estrecho en la parte superior que solo un hombre o un perro podría pasar por él a la vez. Justo cuando terminaron el canal, empezó a amanecer en el este.

Los hermanos llevaron a seis de los hombres más valientes del campamento y les dieron instrucciones especiales, y cuando terminaron, el hermano mayor dijo a los hombres del campamento—: Vayan y tomen sus armas y estén listos a lo largo de las paredes del canal. Será su trabajo detener a cualquiera de los perros si atraviesan los muros. Pero si los perros suben por el canal y atraviesan la abertura aquí, nosotros nos encargaremos de ellos. Las mujeres y los niños deben ir y esconderse lo mejor que puedan. Ustedes seis saben qué hacer. Estén en guardia.

Pronto todo el mundo estaba en posición, y lo único que había que hacer era esperar. No tuvieron que esperar mucho tiempo. La brisa de la mañana llevó el sonido de los perros aulladores al campamento. Era un sonido sobrenatural, y todos los que lo escuchaban sabían que oían los aullidos de la jauría de caza de Cheeroonear. El aullido no duró mucho tiempo; los perros terminaron su carrera hacia el campamento en total silencio.

Cuando los perros se acercaron lo suficiente como para que la gente los viera, la gente se acobardó. Eran perros monstruosos, tan altos como el hombro de un hombre adulto, con la boca llena de dientes tan afilados como el más afilado pedernal. Los perros entraron en el fondo del canal, corriendo en fila. Cuando el primer perro llegó al tope del canal, el hermano menor lo golpeó en la cabeza con su bumerán, matándolo rápidamente. Luego el hermano le cortó la cola y se la entregó a uno de los seis hombres elegidos. El siguiente perro llegó al fondo del canal, y el hermano mayor lo despachó con un golpe de su lanza. El hermano mayor cortó la cola de ese perro y se la entregó a otro de los hombres elegidos. De esta manera, los hermanos mataron a los seis perros de Cheeroonear, uno por uno, y les dieron las colas a los hombres elegidos.

Una vez que todos los perros fueron asesinados, todos sabían que Cheeroonear estaría en camino. Los hermanos Winjarning pusieron en marcha la siguiente parte de su plan. Rezaron fervientemente al dios que controla la niebla, para que enviara una niebla sobre su campamento y oscureciera todo a la vista de Cheeroonear. En respuesta a su plegaria, una espesa niebla cayó, cubriéndolo todo con niebla. Desde sus escondites, las mujeres y los niños lloraban como si estuvieran aterrorizados, mientras que los seis hombres más valientes cogían las colas cortadas de los monstruosos perros y las agitaban como si los perros estuvieran todavía vivos y matando felizmente a toda la gente del campamento.

Poco después de que la niebla se despejara, la gente escuchó los pasos de Cheeroonear subiendo por el canal que los hombres habían construido. Escucharon su respiración agitada. Todos estaban muy asustados, pero continuaron interpretando los papeles que los hermanos les habían asignado.

Cuando Cheeroonear se acercó al fondo del canal, escuchó los gritos de las mujeres y los niños, y vio las colas de los perros moviéndose en la niebla–. ¡Bien, bien!–se rió para sí mismo–. Mis perros están haciendo un trabajo rápido con esta gente. ¡Mi esposa, mis perros y yo nos daremos un buen festín esta noche!

Pensando que la gente ya estaba casi muerta, Cheeroonear no estaba en guardia cuando llegó al fondo del canal. Dio un último paso hacia la abertura entre los montones de arbustos, y entonces los hermanos Winjarning estaban sobre él, golpeando golpe tras golpe tras golpe con sus nulla-nullas. Pronto el maltrecho cuerpo de Cheeroonear yacía muerto en el fondo del canal.

Los hombres del campamento comenzaron a vitorear, y las mujeres y los niños comenzaron a salir de sus escondites, pero los hermanos Winjarning dijeron–, ¡No, esperen! ¡Quédense donde están, y estén atentos, porque puede haber peligro todavía!

En el campamento de Cheeroonear, la monstruosa esposa de Cheeroonear se preguntaba por qué tardaban tanto su marido y sus perros. Se dirigió hacia el campamento, y cuando se acercó al canal que los hombres habían hecho, escuchó el sonido de los perros ladrando. Pensó que era el sonido de la jauría de su marido, pero en realidad eran los seis hombres elegidos, que agitaban las colas de los perros y ladraban para que la esposa de Cheeroonear pensara que nada estaba mal.

Cuando la esposa de Cheeroonear llegó al cuerpo de su marido, se detuvo a mirarlo. En un instante, los hermanos Winjarning atravesaron la puerta del canal y la mataron con sus garrotes. Se les unieron los hombres y mujeres del campamento, que la golpearon con bumeranes, palos y piedras. Cuando estuvieron seguros de que la monstruosa mujer estaba muerta, algunos de los hombres tomaron sus hachas y cortaron el cuerpo en dos. De una de las mitades emergió una criatura que parecía un niño de doce años.

Al principio, los hombres estaban demasiado sorprendidos para hacer o decir algo, pero luego el hermano menor Winjarning dijo—: ¡Atrápenlo!—los hombres de la tribu saltaron hacia el niño, tratando de obedecer la orden, pero el niño se convirtió en una serpiente que se escabulló rápidamente antes de que los hombres pudieran agarrarlo. El chico era un espíritu malvado y cambiante, que aún hoy en día sigue plagando los arbustos. A veces tiene forma de hombre, a veces de pájaro, y otras veces de reptil.

Y de Cheeroonear, de su esposa y de los perros no hubo más señales, excepto algunas huellas que aún son visibles en la tierra.

Wyju el viajero

A veces los héroes ayudan a otras personas, y a veces ellos mismos requieren ser salvados. Aunque esta historia trata principalmente del héroe Wyju, los hermanos Winjarning también aparecen como los salvadores de Wyju cuando este cae en manos del celoso Kirkin. Además de mostrar la astucia y la fuerza de Wyju, este relato también explica la presencia del ocre rojo en el suelo. Los indígenas australianos utilizan ocre de todo tipo para varios propósitos. Algunos de estos propósitos son sagrados, como la decoración del cuerpo para las ceremonias, mientras que otros, como una forma de protección solar, son más mundanos.

La derrota de Wyju de la Gran Serpiente implica el uso de la raíz de mallee. Los arbustos de mallee son una especie de eucalipto nativo de Australia. Tienen una raíz larga y gruesa llamada lignotúber que a menudo está llena de agua.

Wyju era un hombre que disfrutaba de una vida solitaria. Viajaba de campamento en campamento, y dondequiera que fuera, ayudaba a los necesitados. Un día, llegó a un lugar donde la gente estaba afligida y llorando—. ¿Qué ha pasado?—preguntó Wyju.

—¡Oh, este es un día triste!—dijo un hombre—. ¡La Gran Serpiente vino a nuestro campamento y se tragó entero a nuestro hijo!

—¿Por qué no persigues a la serpiente y la matas?— preguntó Wyju.

—Porque no es una serpiente ordinaria. Si la matamos, el agua dejará de fluir y todos moriremos de sed.

—Incluso las serpientes mágicas pueden ser asesinadas—dijo Wyju—. ¿Sabes cómo se podría lograr?

—Sí—dijo el padre del niño—. Puede ser asesinada cuando su cuerpo es estirado hasta el final en una línea. Entonces el agua seguirá fluyendo, aunque esté muerta. Pero si la matas cuando está enrollada o cuando su cuerpo está doblado, secará todos los manantiales en venganza.

—Déjamelo a mí—dijo Wyju—. Recuperaré a tu hijo y aseguraré tu suministro de agua al mismo tiempo.

Una de las personas del campamento llevó a Wyju al lugar donde la serpiente estaba enrollada bajo un árbol, dormida—. No me atrevo a quedarme—dijo el hombre—. No debe verme, o pensará que mi gente está tramando algo, y no quiero arriesgarme a su ira.

Una vez que el hombre se había alejado en silencio, Wyju miró a la serpiente y pensó en cómo podría matarla. Cerca de allí había unos arbustos de mallee. Wyju tomó la larga raíz de una de las malezas y se subió al árbol bajo el cual la serpiente dormía. Salió a la rama que se extendía sobre la serpiente, cortó el extremo de la raíz de mallee y la sostuvo sobre la cabeza de la serpiente. El agua comenzó a gotear de la raíz del mallee. Gota tras gota cayó sobre la cabeza de la serpiente, justo entre sus ojos.

Pronto la serpiente despertó por el goteo de agua. Agitó su lengua y probó el agua que goteaba por su hocico. La serpiente levantó su cabeza, buscando la fuente del agua. Empezó a extender su cuerpo hacia arriba, siguiendo el rastro de las gotas. El cuerpo de la serpiente subió, hasta que se estiró en línea recta sin que nada más que la punta de su cola tocara el suelo.

Wyju aprovechó el momento. Agarró a la serpiente por el cuello y le clavó su cuchillo, luego deslizó su cuerpo, abriéndolo con el cuchillo mientras descendía. Cuando el cuchillo abrió el vientre de la serpiente, el niño cayó al suelo, muy asustado, pero por lo demás ileso. El cuerpo de la gran serpiente cayó al suelo, sin vida.

Wyju llevó al niño a su agradecida familia y le contó al campamento lo que había pasado. La gente estaba muy contenta de que el niño hubiera vuelto vivo y más contenta aún de que la serpiente ya no controlara su suministro de agua. Hicieron un gran festín para honrar a Wyju y celebrar la buena fortuna del niño.

En medio del festín, uno de los hombres del campamento le dijo a Wyju—: Tengo una sobrina que está en edad de casarse. Nuestra familia se sentiría honrada si consintieras en ser su marido.

—Me siento honrado de que me lo pidan—respondió Wyju—pero nunca me casaré. Vivo una vida solitaria, viajando. Nunca estaré en casa por mucho tiempo, y no es vida para una buena mujer, que su marido esté fuera casi todo el tiempo.

Wyju permaneció en ese campamento durante unos días, y durante ese tiempo un flujo constante de hombres vino a visitarlo. Todos le preguntaron si Wyju se casaría con sus sobrinas, pero cada vez Wyju dio la misma respuesta—. Nunca me casaré. Vivo una vida solitaria, viajando. Nunca estaré en casa por mucho tiempo, y no es vida para una buena mujer, que su marido esté fuera casi todo el tiempo. —Cuando Wyju rechazaba a los hombres, ellos aceptaban el rechazo con gracia y luego decían—: Oh, bueno. Supongo que siempre está Kirkin. Tal vez si le preguntara. Realmente debería ir a visitarlo.

Wyju nunca había oído hablar de Kirkin. Le pareció extraño que un hombre tras otro mencionara a Kirkin y luego propusiera hacerle una visita. Wyju gradualmente se enteró quién era Kirkin mientras pasaba más tiempo en el campamento. Kirkin, parecía ser un hombre inusualmente guapo con una larga y dorada cabellera. Cuando Kirkin se peinaba al sol, esparcía rayos dorados por todas partes, haciendo que pareciera que tenía un halo de luz a su alrededor. Todos los hombres en kilómetros a la redonda admiraban mucho a Kirkin y buscaban excusas para ir a visitarlo. También animaban a sus sobrinas a casarse con Kirkin, pero las jóvenes se negaban porque Kirkin era vanidoso y solo podía hablar de sí mismo. También las mujeres estaban celosas de que el cabello de Kirkin era mucho más hermoso y lustroso que el de ellas.

En ese momento, Kirkin quería una esposa para él, pero no había tenido éxito. Pronto se supo que todos los hombres de los alrededores habían ido al campamento donde se alojaba Wyju para ofrecer sus sobrinas en matrimonio al viajero—. Lástima que ninguna de las mujeres te tenga—dijeron los amigos de Kirkin cuando le contaron lo que estaba pasando—. Lástima que solo parecen querer a este tipo Wyju, aunque él las rechace siempre.

Escuchar esto puso a Kirkin muy celoso, porque no entendía cómo alguien podía preferir a otro hombre a él. Preguntó dónde podría encontrar a Wyju y luego se dispuso a reunirse con él. Muy pronto, Kirkin llegó al campamento donde se alojaba Wyju. Una de las personas del campamento le presentó a Kirkin a Wyju. Kirkin le dijo—: Has estado aquí por algún tiempo, pero no has venido a visitarme. ¿No ves mi pelo dorado? Los hombres han hecho peregrinaciones desde muy lejos solo para verlo.

—Sí, veo tu cabello—dijo Wyju—pero no creí que necesitara conocerte, ya que todos los hombres de aquí ya me han dicho muchas cosas buenas de ti.

Kirkin no estaba seguro de si lo que dijo Wyju era un cumplido. Debido a sus celos, decidió que no era un cumplido, y se le ocurrió un plan para deshacerse de Wyju de una vez por todas.

—¿Te gustaría venir a cazar conmigo mañana?—preguntó Kirkin—. Hay una criatura por aquí llamada walliow. Se parece a una rata canguro, pero más grande. Cuando se asa, tiene el mejor sabor de cualquier carne que hayas probado. ¿Qué me dices? ¿Cazamos juntos mañana?

—Sí—dijo Wyju—. Estaré encantado de ir contigo. Estaré listo temprano en la mañana.

Kirkin se despidió y dejó el campamento. Pero en lugar de ir a casa, salió al monte donde crecía una gran cantidad de hierba larga. Tomó su palo de cavar y cavó un profundo agujero. Plantó muchas púas afiladas en el fondo. Luego cubrió la trampa con palos, sobre los cuales colocó turbas que tenían hierba larga saliendo de ellos, de modo que nadie pudiera decir que había algo extraño allí. Entonces Kirkin mató a un pequeño animal, le ató un trozo de cuerda y lo colocó encima de la trampa. Cuando todo estuvo listo, Kirkin se fue a casa, pensando que pondría a Wyju en su lugar.

Por la mañana, Kirkin se encontró con Wyju en el campamento donde se alojaba. Wyju estaba allí esperándolo, con su lanza en una mano y su bumerán en la otra.

—Puedes traer la lanza contigo, pero no la necesitarás—dijo Kirkin—. Tampoco necesitarás el bumerán. No puedes cazar walliows con eso. Tienes que atraparlos saltando sobre ellos cuando salen de sus madrigueras.

—Muy bien—dijo Wyju—. Muéstrame dónde están los walliows.

Kirkin y Wyju caminaron juntos hacia el arbusto. Kirkin llevó a Wyju al lugar donde crecía la hierba larga—. Aquí es donde viven los walliows—dijo—. Camina con cuidado por la hierba. Cuando veas un movimiento, salta, porque probablemente sea un walliow.

Muy pronto, Kirkin llevó a Wyju al lugar donde colocó la trampa—. ¡Oh!—gritó Kirkin—. ¡Vi algo moverse a través de la hierba! Aquí, acuéstate y deslízate hacia adelante. Podría ser un walliow. Pero prepárate para saltar si ves que se mueve.

Mientras Wyju se arrastraba por la hierba alta hacia la trampa, Kirkin fue al lugar donde había puesto el otro extremo de la cuerda. Tan pronto como Wyju estuvo lo suficientemente cerca, Kirkin tiró de la cuerda, haciendo que el animal muerto se moviera como si estuviera vivo.

—¡Un walliow!—susurró Wyju—. ¿Lo has visto?

—Sí—dijo Kirkin—. Espera un poco y mira si se mueve de nuevo. Si lo hace, salta.

Una vez más Kirkin tiró del extremo de la cuerda, haciendo que el animal muerto se moviera. Wyju se preparó para saltar, y luego saltó con los pies primero sobre la endeble cubierta de la trampa. Cayó en la fosa que Kirkin había hecho, y sus pies y piernas fueron cruelmente atravesados por las púas que habían sido plantadas en el suelo de la fosa.

Wyju gritó de dolor y miedo—. ¡Kirkin! Kirkin! ¡Oh, ayúdame, por favor! ¡Alguien puso una trampa con púas, y mis pies y piernas están todos perforadas!

Kirkin no hizo ningún movimiento para ayudar. En su lugar, miró sobre el borde de la fosa y se rió—. Puede que seas un gran viajero, pero ciertamente no eres muy sabio. También dudo que alguna de las mujeres de por aquí se interese por ti una vez que hayas estado allí un tiempo. Adiós, amigo mío.

Mientras Kirkin se alejaba, Wyju comenzó a llorar. Trató de liberarse de las púas, pero no pudo. Su sangre fluía tan libremente que llenaba el fondo de la fosa y se filtraba en la tierra alrededor de ese lugar, convirtiéndola en ocre rojo, y hoy en día los hombres todavía van a ese lugar para encontrar ocre con el que pintar sus cuerpos.

Cuando Wyju estaba demasiado cansado y con demasiado dolor para seguir luchando, empezó a rezar—. ¡Oh, Gran Espíritu, escucha mi plegaria! ¡Oh Baiame, creador de todo el mundo, escúchame! Estoy atrapado en una fosa, y estoy gravemente herido. Envíame ayuda, como yo he ayudado a otros en mis viajes.

Baiame escuchó la oración de Wyju y vio su cruel situación. Baiame llamó a los hermanos Winjarning. Les dijo que fueran a

Wyju y lo rescataran de la fosa y que curaran sus heridas—. No se demoren—dijo Baiame—. Rescaten a Wyju tan pronto como puedan. Es muy querido por mí porque siempre trata de ayudar a la gente dondequiera que vaya.

Los hermanos Winjarning fueron a Wyju lo más rápido posible. Ayudaron al hombre herido a salir del pozo, y sacaron las crueles púas de sus piernas y pies. Tocaron todos los lugares donde Wyju había sido herido, y sanaron todas sus heridas. Luego se despidieron de Wyju y regresaron a Baiame.

Después de que los hermanos se fueron, Wyju tomó sus armas y se dirigió hacia el lugar donde vivía Kirkin. Encontró un lugar para esconderse y esperó hasta el amanecer, sabiendo que Kirkin se pararía de pie y dejaría que la luz del sol brillara en su cabello para que todos lo vieran.

Cuando el sol salió por la mañana, Kirkin se puso de pie y comenzó a peinarse su brillante cabello. Wyju se levantó de su escondite y le lanzó su bumerán a Kirkin. El bumerán atravesó el cuello de Kirkin y su cabeza y cuerpo cayeron al suelo. Wyju hizo una pira de madera y quemó el cuerpo de Kirkin en ella. Pronto lo único que quedó del guapo hombre de pelo dorado fue un pequeño pájaro que salió volando de su cuerpo mientras las llamas lo consumían. Hasta el día de hoy, ese pájaro puede ser visto revoloteando en el aire, buscando insectos para comer. A menudo vuela cerca de los incendios en el monte, esperando atrapar a las pequeñas criaturas que tratan de escapar de las llamas.

Wyungare y las esposas de Nepelle

Este cuento del sudeste de Australia se centra en los héroes Nepelle y Wyungare. Nepelle es una figura divina por derecho propio y a menudo trabaja con y para el dios Nurunderi. Wyungare, por otro lado, es un ser semidivino dado por Nepelle y Nurunderi a una afligida viuda para ser el hijo que le fue negado por la muerte prematura de su marido.

Nepelle y Wyungare comienzan la historia como amigos, pero la terminan como enemigos cuando Wyungare roba las esposas de Nepelle. Nepelle utiliza el fuego mágico para castigar a Wyungare y a las dos mujeres, pero no consigue matarlas porque Wyungare las arrastra a los cielos, donde se convierten en estrellas.

Hace mucho tiempo, había dos cazadores llamados Nepelle y Wyungare. Eran ambos guapos y fuertes, y nunca dejaron de volver a casa con la caza. Cuando Nepelle y Wyungare cazaban, la gente de su campamento comía bien, y lo hacían a menudo.

Nepelle era un hombre casado. Tenía dos esposas, ambas muy hermosas. Wyungare aún no se había casado, porque no había encontrado una mujer que le gustara lo suficiente.

Un día, Wyungare sintió mucha sed, porque el día había sido muy caluroso. Bajó al lago. Cogió una caña hueca y se arrodilló junto al agua. Puso la caña en el agua y comenzó a chupar la paja. El agua estaba deliciosa y fresca, y pronto su sed se calmó.

Mientras Wyungare estaba bebiendo en el lago, las dos esposas de Nepelle pasaron por allí. Notaron a Wyungare arrodillado. Vieron lo hermoso que era su cuerpo y lo guapo de su cara. Ambas se enamoraron de él inmediatamente. No les importaba que ya estuvieran casadas; tenían que tener a Wyungare para ellas.

Cuando Wyungare se levantó, vio a las dos esposas de Nepelle observándolo. Tan pronto como lo vieron, ambas se sonrojaron y se dieron la vuelta, y luego se fueron a sus asuntos. Wyungare había visto a menudo a las esposas de Nepelle y las consideraba muy hermosas y deseables, pero aun así no había actuado porque sabía que Nepelle se enfadaría mucho.

Esa noche, las esposas de Nepelle salieron al monte, diciendo que iban a buscar ñames. Se llevaron sus palos para cavar, pero no tenían intención de cavar en busca de ñames. Lo que querían era poder hablar entre ellas a solas, sin que su marido o cualquier otra persona las oyera.

—¿Viste a Wyungare en el lago hoy?—dijo la primera esposa—. ¡Es tan guapo!

—¡Sí, lo vi!—dijo la segunda—. Es incluso más guapo que Nepelle. Ojalá pudiéramos casarnos con Wyungare en su lugar.

—Estoy de acuerdo. ¿Pero cómo vamos a conseguir que se case con nosotras? Si le preguntamos, podría decírselo a Nepelle, y Nepelle se enfadaría mucho.

La primera esposa pensó por un momento, luego dijo—: Tengo una idea. Te la contaré mientras volvemos a casa. Y busca ñames en el camino; debemos tratar de no volver con las manos vacías, o la gente hará preguntas.

Las esposas de Nepelle se las arreglaron para encontrar unos cuantos ñames de camino a casa, y los prepararon para que su marido comiera esa noche. Cuando su marido estaba profundamente dormido, y el campamento se había asentado para la noche, las dos esposas pusieron su plan en acción. Fueron a la cabaña de Wyungare y pasaron corriendo por delante de ella, haciendo que pareciera que eran emús, no mujeres. Siendo un buen cazador, Wyungare se despertó inmediatamente por el sonido. Agarró su lanza y salió corriendo de su cabaña, pensando en atrapar a los emús antes de que pudieran correr demasiado. Pero cuando salió, todo lo que vio fueron las dos esposas de Nepelle paradas frente a él.

—¿Adónde se fueron los emús?—preguntó Wyungare—. ¡Hablen, rápido, para que pueda atraparlos!

—Los emús están aquí—dijo la primera esposa, señalándose a sí misma y a la segunda esposa—. Y hemos venido a atraparte.

La segunda esposa dijo—: Ven al monte con nosotras. Te hemos deseado durante mucho tiempo. Queremos que seas nuestro marido en lugar de Nepelle. Por favor, di que vendrás con nosotras.

Al principio, Wyungare vaciló, pero luego vio lo hermosas que eran las esposas de Nepelle, y aceptó. Las invitó a su cabaña, y pasaron la noche juntos con mucho placer.

Por la mañana, Wyungare y sus nuevas esposas se despertaron muy temprano y salieron al monte a cazar. Otras personas del campamento también se levantaron a esa hora y los vieron salir juntos. Cuando Nepelle se despertó y encontró a sus esposas desaparecidas, preguntó si alguien las había visto.

—Sí—dijo un hombre—. Se fueron al monte con Wyungare. Vi a los tres salir de su choza esta mañana temprano.

Nepelle se enfadó mucho. Fue a la cabaña de Wyungare y le prendió fuego. Antes de que el fuego comenzara a consumir la choza, Nepelle le dijo al fuego—: Espera a que Wyungare y mis dos esposas infieles vuelvan. Cuando estén dormidas, cobra vida y quema su choza y a ellas dentro de ella. Si se escapan antes de que las mates, síguelas a donde vayan. No te detengas hasta que los tres estén muertos.

Esa noche, Wyungare y las dos mujeres volvieron al campamento con un walabí que Wyungare había atrapado y algunas ranas que las mujeres habían encontrado en un billabong cercano. Compartieron su captura con los demás en el campamento y evitaron la mirada de Nepelle. Pronto el sol se había puesto, así que Wyungare y las dos mujeres entraron en su cabaña y se fueron a dormir.

Como Nepelle había ordenado, el fuego saltó a la vida tan pronto como los tres se durmieron. Pronto el calor, el humo y el rugido de las llamas despertaron a Wyungare y a las dos mujeres, que salieron de la cabaña tan rápido como pudieron. Corrieron a través del campamento y salieron al monte, pero para su consternación, el fuego los siguió. No importaba cuán lejos o cuán rápido corrieran, el fuego iba justo detrás de ellos, consumiendo arbustos, pastos y árboles y haciéndose cada vez más grande cuanto más tiempo ardiera.

Wyungare y sus esposas cambiaron el curso y se dirigieron al lago. Se zambulleron en el agua, donde estaban a salvo por el momento. Pero el fuego los siguió hasta la orilla del lago y consumió con avidez los juncos de su orilla, y como era un fuego mágico, no se apagaba al consumirse los juncos.

—¿Qué haremos?—gritó la primera esposa—. Nepelle nunca nos dejará escapar. Si intentamos dejar el agua, el fuego nos seguirá. Si nos quedamos aquí, moriremos de hambre o nos ahogaremos. ¿Qué haremos?

—Subiremos a los cielos—dijo Wyungare—. Me aseguraré de que todos nosotros estemos a salvo.

Wyungare tomó su lanza de púas, que había agarrado mientras huía de su choza en llamas. Arrojó la lanza con todas sus fuerzas hacia los cielos, donde se clavó rápidamente. Wyungare tiró de la cuerda que estaba atada a la cola de la lanza para asegurarse de que estuviera firmemente fijada, y luego les dijo a sus esposas que subieran. Mientras las llamas rugían a lo largo de la orilla del lago, las dos mujeres subieron y subieron hasta que llegaron a los cielos. Una vez que Wyungare vio que sus esposas estaban a salvo, subió él también. Y allí viven hasta el día de hoy como tres hermosas estrellas.

El Hombre Rana y el Bunyip

Como vimos en la historia de las hermanas Wawilak, los indígenas australianos a menudo toman varios animales como su tótem tribal. Aquí, el tótem es la rana, y la historia funciona en parte como una explicación de por qué la gente del tótem de la rana no come su animal totémico.

El villano de esta historia es el bunyip, un monstruo nativo de Australia que acecha alrededor de billabongs, ríos y lagos para acechar, atrapar y devorar a los incautos. La derrota del bunyip lleva no solo a la salvación de la joven que captura y de su joven hombre, sino también a la creación de la luna, que está hecha del ojo del bunyip.

Una noche, un joven de la tribu de la Rana bajó al billabong a cazar patos. Se cubrió con un disfraz de cañas, se deslizó en el agua y se sentó para que el agua le llegara hasta el cuello. Allí esperó en silencio a que un pato desprevenido nadara hacia él. Tan pronto como uno estaba al alcance, el hombre lo agarró por las patas, lo arrastró bajo el agua, y luego le rompió el cuello con un giro. Había muchos patos esa noche, y pronto el hombre tuvo una buena captura para llevar a casa con su esposa.

Un bunyip también había bajado al billabong, pensando en cazar por su cuenta porque sabía que un campamento de gente no estaba muy lejos. El bunyip se escondió detrás de un árbol y esperó a que el joven caminara en su dirección. Cuando el joven se levantó y dio un paso hacia la orilla del billabong, el bunyip salió de detrás de su árbol, pensando en agarrar al hombre y luego comerlo para la cena. El joven vio el bunyip y gritó con miedo y sorpresa. Salió corriendo justo cuando el bunyip se estiró para agarrarlo. Afortunadamente, el joven era un corredor rápido. Todo lo que el bunyip consiguió fue un puñado de cañas que el joven había usado como disfraz de caza.

Mientras el hombre salía del agua y subía por la orilla del billabong, su esposa vino corriendo a su encuentro.

—¿Qué pasó, esposo?—preguntó ella—. ¿Por qué gritaste?

—¡Hay un bunyip en el billabong!—respondió—. ¡Casi me agarra!

La esposa se rió—. No seas tonto. No hay ningún bunyip cerca de aquí. Ahora dame esos adorables patos gordos que atrapaste, y vayamos a casa a comer.

Mientras el hombre y su esposa estaban allí hablando, el bunyip se deslizó hacia ellos. Justo cuando la joven pareja se volvió para regresar a su campamento, los largos brazos del bunyip se levantaron y agarraron a la joven, y luego huyó de vuelta a la oscuridad del billabong tan rápido que el joven apenas pudo ver a dónde se había ido. Intentó valientemente seguirlo, pero el bunyip no dejó ningún rastro. Desanimado, volvió a su campamento y explicó a los demás miembros de su tribu lo que había pasado.

—Voy a recuperar a mi esposa—dijo el joven—. No puedo dejarla con ese horrible bunyip.

Los otros se burlaron de esto—. ¿Cómo vas a hacer eso? Es probable que también acabes como la cena de los Bunyip.

Pero el joven no escuchó a los demás. Estaba decidido a hacer lo que pudiera para rescatar a su esposa, asumiendo que no había sido ya comida.

Por la mañana, el joven pensó en cómo podría atrapar el bunyip, o al menos averiguar dónde se escondía. Se le ocurrió la idea de ponerle un cebo con una comida de ranas. El joven fue al billabong y atrapó varias ranas, luego las ató a un palo y lo metió en el agua en medio del billabong. Cuando el palo con las ranas estuvo seguro, el hombre se escondió y esperó a que apareciera el bunyip. Esperó y esperó durante todo el día, pero el bunyip nunca apareció. Cuando el sol se puso, el joven regresó a casa para descansar.

Por la mañana, el joven volvió al billabong y encontró que el palo seguía allí, pero todas las ranas que había atado a él habían desaparecido.

—El bunyip debió venir después de que me fui y se llevó todas las ranas—pensó—. Quizás si lo intento de nuevo, volverá mientras espero, y entonces podré encontrar a mi esposa.

Así que el joven cogió más ranas, las ató a un palo y se escondió. Durante todo el día esperó, pero el bunyip nunca apareció. Cuando el sol se puso, el joven se fue a casa a descansar, y por la mañana volvió al billabong, donde encontró que las ranas habían desaparecido una vez más.

Durante muchos días, el joven puso su trampa, y durante muchos días, encontró que todas las ranas habían sido tomadas, pero nunca vio el bunyip. Finalmente llegó el día en que llovió. Todo estaba oscuro, húmedo y mojado. El hombre había puesto su trampa como de costumbre y se escondió para esperar. Esta vez, su paciencia fue recompensada. El bunyip vino al billabong para tomar su comida de ranas. ¡Y quién más acompañaba al monstruo sino la esposa del joven! El joven casi gritó de alegría, pero se contuvo y en su lugar se levantó de su escondite y le lanzó una lanza al bunyip. El joven tenía un brazo fuerte y su puntería era muy buena, y la lanza atravesó el centro del bunyip. El bunyip se tambaleó hacia atrás, pero aún no estaba muerto. Agarró una rana que pasaba nadando y se la tiró al hombre, dándole en el ojo y cegándolo temporalmente.

Esto no detuvo al joven. Apuntando con tanto cuidado como pudo con su visión borrosa, envió su bumerán volando a la cabeza del bunyip. Tan hábil fue su lanzamiento que un extremo del bumerán se enterró en uno de los ojos del bunyip. El bunyip aulló y se dio la vuelta para huir.

—¡Ven conmigo!—le gritó el hombre a su mujer mientras el bunyip huía del billabong. —¡Ven conmigo! ¡Te alejaré de ese monstruo!

La joven extendió los brazos a su marido y lloró, pero cuando el bunyip se dio la vuelta y corrió, la mujer lo siguió, llorando todo el tiempo. El bunyip la había puesto bajo un hechizo para que fuera con él a donde fuera, quisiera o no.

El joven corrió tras su mujer y el bunyip. Esta vez fue fácil seguirlos. El bunyip no hizo ningún esfuerzo por ocultar su rastro, y las huellas de la joven en el suelo blando del billabong eran certeras. Pronto el bunyip llegó a un árbol de caucho y se deslizó hacia las ramas. La joven se detuvo al pie del árbol y se quedó allí, incapaz de moverse, mientras el bunyip se escondió en el árbol, con un ojo maligno que brillaba entre las ramas.

Poco después, el joven llegó al árbol. Miró a su esposa, que estaba parada congelada al pie del árbol, y luego miró hacia las ramas para ver al bunyip que lo miraba con su único y horrible ojo. El joven miró fijamente al bunyip, pero esto fue un error fatal. El joven descubrió que no podía mirar hacia otro lado y que no podía moverse. Él también había sido puesto bajo el hechizo del bunyip.

Durante muchos días, nada cambió. El hombre y la mujer estaban parados al pie del árbol, deseando tocarse, pero sin poder moverse, mientras que el bunyip se quedaba en las ramas, mirando al mundo con un solo ojo. Entonces un día llegó una terrible tormenta, con lluvia torrencial y viento aullante. El viento era tan fuerte que derribó el árbol de caucho, matando al bunyip. Pero el ojo del bunyip permaneció exactamente donde estaba, y así es como se hizo la luna.

La muerte del bunyip rompió el hechizo de la joven pareja. Corrieron a los brazos del otro, se abrazaron y lloraron de alegría. Se unieron al resto de su gente y les contaron toda la historia. Y desde ese día, la gente de la tribu de la rana nunca más comió otra rana. En su lugar, las dejaron para el bunyip para que se llevara las ranas en lugar de tomarlos a ellos.

Las aventuras de Yooneeara

El pueblo Kamilaroi (Gamilaraay) tradicionalmente ha vivido en Nueva Gales del Sur y Queensland. Están entre los indígenas australianos que veneran a Baiame como un dios y un héroe. En el mito que se relata a continuación, un joven llamado Yooneeara decide ir a buscar Kurrilwan, el lugar donde vive Baiame, en el fin del mundo donde se pone el sol. Yooneeara tiene muchas y variadas aventuras a lo largo del camino, enfrentándose a extrañas personas no muy humanas, insectos que pican y un peligroso pantano antes de llegar a su destino. Yooneeara alcanza su meta y llega a casa a salvo, pero como todos los que se aventuran en los lugares donde lo divino se esconde, Yooneeara finalmente debe pagar un precio por su viaje al morir prematuramente.

Un día, Yooneeara de los Kamilaroi dijo—: Creo que iré al lugar donde se pone el sol.

—¿Para qué quieres hacer eso?—preguntó la gente de su campamento—. Es un largo camino, y nadie que haya salido para ese lugar ha regresado. Ni siquiera saben cómo llegar allí.

—Oh, estoy seguro de que descubriré cómo llegar allí, y de todos modos, es importante. El lugar donde se pone el sol es donde vive Baiame, y tengo la intención de visitarlo, allí en su casa en Kurrilwan.

—Como quieras—dijeron los otros, pero todos pensaron que Yooneeara estaba un poco loco.

Yooneeara se preparó para su viaje. Se llevó sus mejores armas y una bolsa para llevar las cosas que necesitaría. Justo antes de partir, tomó un bandicut y lo puso en la bolsa. Seguramente no haría daño tener algo así. Necesitaría comer eventualmente, ¿y qué pasaría si llegara a un lugar donde la caza fuera escasa?

Finalmente todo estaba listo. Yooneeara se despidió de su familia y amigos y salió caminando hacia el oeste del campamento. Durante muchos días Yooneeara caminó a través de los arbustos. Los primeros días, estuvo en una tierra que le era familiar, pero no mucho después, se encontró cruzando a un territorio en el que nunca había estado antes. Era emocionante estar en un nuevo lugar, aunque también un poco aterrador, pero Yooneeara era un hombre valiente, y siguió caminando hacia el oeste.

Después de muchos días, Yooneeara llegó al país de los Dhinnabarrada, gente que tiene los cuerpos y cabezas de la gente, pero las piernas y pies de los emúes. Un grupo de los Dhinnabarrada corrió hacia Yooneeara. Nunca habían visto a un ser humano antes, y eran muy curiosos. Todos querían tocar sus pies humanos, pero Yooneeara no se lo permitió. Sabía que si le tocaban los pies, se convertiría en uno de ellos. Los Dhinnabarrada se apiñaban a su alrededor, y aunque Yooneeara logró esquivar sus manos exploradoras, pronto temió no poder evitar que lo tocaran. Entonces Yooneeara recordó el bandicut en su bolsa de plástico. No había visto ningún bandicut durante algún tiempo; quizás no había ninguno en este país, y si le mostraba uno a los Dhinnabarrada, podría distraerlos lo suficiente para que él se escapara.

Yooneeara sacó el bandicut de su bolsa y lo soltó a los pies de los Dhinnabarrada. Todos los extraños emúes estaban fascinados por esta nueva criatura, y cuando el bandicut salió corriendo para buscar refugio, los Dhinnabarrada lo siguieron. Una vez que los

Dhinnabarrada estaban persiguiendo al bandicut, Yooneeara corrió tan rápido como pudo fuera de su tierra.

Yooneeara siguió adelante, moviéndose siempre hacia el oeste. Pronto llegó a una amplia planicie que era el hogar del pueblo Dheeyabery. Yooneeara nunca había visto gente como esta antes. Parecían humanos normales de frente, pero cuando se daban vuelta, sus espaldas eran redondas y lisas y sin rasgos.

Los Dheeyabery se reunieron alrededor de Yooneeara. Nunca habían visto a nadie como él antes, tampoco. Tocaron su cuerpo, especialmente su espalda, que encontraron fascinantemente diferente a la suya. Yooneeara soportó esto durante un tiempo, ya que los Dheeyabery no parecían querer hacerle daño, pero finalmente tuvo que huir. Los Dheeyabery lo habían tocado tanto que comenzó a temer que se convirtiera en uno de ellos si se quedaba más tiempo.

La gente extraña estaba muy triste de que Yooneeara huyera. Podía oír sus voces llamándole mientras corría—. ¡Quédate con nosotros! ¡Sé nuestro amigo!—le llamaron, pero Yooneeara sabía que no podía quedarse. Necesitaba seguir hacia el oeste si quería ir a Kurrilwan, el hogar de Baiame.

Eventualmente, la llanura que era el hogar de la extraña gente de espalda redonda llegó a su fin y dio paso a un gran pantano estancado. A Yooneeara no le agradaba tener que cruzar este tipo de terreno, pero era la única forma que podía ver para alcanzar su objetivo. Ya, mientras estaba en el borde del pantano, comenzaba a preocuparse por los mosquitos y las moscas de marzo, que zumbaban en sus oídos y le picaban por todo el cuerpo.

Valientemente, Yooneeara entró en el pantano. Con cada paso que daba, los insectos se hacían más numerosos, y sus picaduras y zumbidos más insoportables. Finalmente Yooneeara se sintió tan miserable que consideró seriamente dar la vuelta y regresar a casa. Pero entonces vio un árbol que tenía una corteza suave y flexible, y tuvo una idea. Yooneeara peló la corteza del árbol y la envolvió alrededor de su cuerpo. Metió las ramas de los arbustos en los extremos alrededor de sus tobillos y muñecas. Hizo un casco para su cabeza con dos agujeros para que pudiera ver a través de ellos. Así blindado contra los ataques de los insectos, Yooneeara vadeó a través del pantano.

Fue una larga, caliente y triste caminata a través del pantano. Yooneeara estaba muy entusiasmado de llegar al otro lado. Cuando había caminado lo suficiente como para pensar que había dejado los insectos atrás, se quitó su improvisada armadura, pero no la tiró—. Esto podría ser útil en el camino a casa—pensó, así que Yooneeara lo llevó consigo hasta que llegó a un lugar donde había un profundo y claro manantial de agua fresca. Puso su armadura de corteza en el agua, pensando en mantenerla suave y flexible para que la usara cuando regresara por aquí.

Cuando Yooneeara se levantó de poner la armadura en el agua, escuchó pequeñas voces llamando—: ¿Dónde estás? ¿Dónde estás?— Yooneeara miró alrededor, pero no pudo ver a nadie. De repente, un pez plateado cayó a sus pies. Esto fue aún más desconcertante. Yooneeara nunca había visto peces que saltaran del agua por sí mismos.

Yooneeara se arrodilló junto al agua y miró cuidadosamente a sus profundidades. Allí vio muchos hombres pequeños caminando en el fondo. Eran ellos los que llamaban— ¿Dónde estás?—mientras Yooneeara miraba, los hombres atraparon un pez plateado. Tiraron el pez a través del agua, donde rompió la superficie y aterrizó a los pies de Yooneeara. Yooneeara observó a los hombrecitos por un rato más, y mientras miraba, ellos arrojaban más peces al banco de vez en cuando.

Yooneeara recogió todos los peces y los puso en su bolsa de plástico—. ¡Gracias por el pescado!—gritó a los hombrecitos del fondo del manantial. Estaba muy agradecido; el pescado sería una buena cena, y estaba muy hambriento y cansado al final de un día difícil.

Además, la pesca ahorraría tiempo en su viaje. Podía cocinarlos y comerlos sin tener que pasar tiempo cazando.

Siempre hacia el oeste Yooneeara viajó. Después de muchos días más, llegó al campamento de dos mujeres muy viejas llamadas las Weebullabulla. Estaban asando ñames y lagartos sobre un fuego muy pequeño. No había otras personas con las mujeres. Vivían solas y no permitían que ningún hombre entrara en su campamento. Yooneeara les dio una amplia litera y siguió caminando, esperando que pronto su viaje llegara a su fin.

Al otro lado de la tierra del Weebullabulla había un gran pantano llamado Kollioroogla. Yooneeara sabía que esta era la última prueba que tenía que enfrentar antes de llegar a la tierra de Baiame. El pantano se extendía una y otra vez, hasta el horizonte, donde el sol comenzaba a ponerse. El corazón de Yooneeara cayó. No había manera de que pudiera cruzar el pantano con seguridad. Ya había probado el suelo empujando su lanza en él, y se había hundido tanto en el barro que Yooneeara casi no había sido capaz de sacarlo de nuevo.

Reuniendo su último trozo de valor, Yooneeara comenzó a caminar a lo largo de la orilla del pantano, con la esperanza de encontrar alguna manera de cruzar. Pronto llegó a un lugar donde un alto árbol había caído. Sus raíces estaban en el borde del pantano donde estaba Yooneeara, y su tronco parecía extenderse hasta el otro lado. El tronco era delgado, pero Yooneeara pensó que podía soportar su peso, y además, este era el único camino posible para cruzar a la tierra de Kurrilwan, que Yooneeara estaba seguro que estaba justo más allá del otro lado del pantano.

Yooneeara se subió al tronco del árbol y caminó ligeramente a lo largo de él. Se balanceaba un poco por debajo de su peso, pero se mantuvo firme, y pronto Yooneeara llegó a la tierra firme del otro lado. Caminó un poco hacia adelante y pronto se encontró con una enorme roca. Yooneeara caminó alrededor de la roca y encontró que por un lado estaba ahuecada como una cueva. Frente al hueco estaba

Byallaburragan, una de las hijas de Baiame. Byallaburragan estaba sentada frente a un fuego, en el que estaba asando una serpiente.

—Bienvenido, viajero—dijo Byallaburragan—. Bienvenido a Kurrilwan, el hogar de Baiame. Has tenido un largo y peligroso viaje. Ven y siéntate junto a mi fuego y come algo.

Yooneeara se sentó, y Byallaburragan le dio un poco de la serpiente asada para comer. Era la cosa más deliciosa que Yooneeara había probado, y satisfizo su hambre como ninguna otra cosa. Yooneeara miró a su alrededor y vio que Kurrilwan era realmente un lugar hermoso. Había arroyos de agua clara llenos de peces, el aire estaba lleno del sonido del canto de los pájaros, y los campos estaban llenos de caza. Era más maravilloso de lo que había imaginado.

Finalmente Yooneeara encontró el coraje para hablar con Byallaburragan—. ¿Es cierto que Baiame está aquí?—preguntó.

—Sí, esta es su morada—dijo Byallaburragan—. Él duerme dentro de esa cueva. ¡Puedes verlo, pero no lo despiertes!

Yooneeara fue a la boca de la cueva. Dentro de la cueva había un gigante, muchas veces más alto que el hombre más alto. Su cuerpo estaba bien formado y pintado con diseños sagrados, y su cara era muy hermosa. Yooneeara vio dormir a Baiame por un rato, luego volvió a la chimenea donde se acostó y durmió un profundo y refrescante sueño propio.

Cuando Yooneeara se despertó, agradeció a Byallaburragan su hospitalidad y comenzó el largo viaje de regreso a su casa. Volviendo sobre sus pasos, Yooneeara viajó por todos los lugares que había visitado en su camino a la tierra del atardecer. Después de un viaje muy largo, finalmente llegó a casa, donde fue recibido con gran alegría por sus amigos y familiares. Pero Yooneeara nunca se recuperó de las penurias de sus viajes a Kurrilwan, y poco tiempo después de regresar a casa, murió. Y así fue que Yooneeara fue el único hombre que fue a la casa de Baiame y regresó vivo, y nadie ha hecho el intento desde entonces.

Los hermanos Byama

Esta historia de asesinato, magia y venganza funciona en parte como una historia de origen para el churinga (o bramadera). Un churinga es un instrumento musical hecho de una hoja de madera u otra sustancia dura que se ata a una cuerda o cordón. Cuando el churinga se gira rápidamente por el aire, hace un sonido de zumbido bajo. Los churingas han sido utilizados por varias culturas en todo el mundo durante milenios, y a menudo se consideran instrumentos sagrados cuyo uso está restringido solo a aquellos que han sido debidamente iniciados.

Las tribus indígenas australianas como los Kamilaroi y los Kurnai, ambas del sudeste de Australia, utilizan el churinga como parte de las ceremonias de iniciación de los jóvenes. Para estas tribus, como para muchas otras el churinga es utilizado exclusivamente por los hombres de la tribu con fines sagrados. Las mujeres pueden oír el sonido del churinga, pero no se les permite ver ni manipular los instrumentos, so pena de muerte.

Una vez hubo dos hermanos llamados Byama. Cada hermano tenía un hijo joven llamado Weerooimbrall. Llegó un día en que los hermanos necesitaban ir de caza, y sus esposas también. Así que los padres llevaron a sus hijos a un lugar apartado y rocoso y los dejaron allí para que esperaran su regreso.

Los hermanos y sus esposas pensaron que el roquedal era un lugar muy seguro para sus hijos. Estaba oculto a la vista, y no parecía haber ningún animal o insecto peligroso. Sin embargo, los hermanos se habían olvidado de Thoorkook, un hombre malhumorado que tenía una jauría de perros viciosos y que odiaba a los hermanos Byama con todo su corazón. Thoorkook descubrió dónde habían dejado los hermanos a sus hijos y decidió vengarse poniendo sus perros sobre ellos. Los perros eran feroces y salvajes, y no tardaron mucho en matar a los niños.

Cuando los hermanos y sus esposas volvieron a buscar a sus hijos, todo lo que encontraron fueron sus cuerpos destrozados. Los padres soltaron un gran lamento, y la otra gente de su campamento lloró junto con ellos en el dolor por la muerte de los dos niños.

Estaba claro para los hermanos Byama que los niños habían sido mutilados por los perros, y solo había una jauría de perros que eran viciosos en las cercanías: La jauría de Thoorkook. Así que los hermanos se convirtieron en canguros y fueron saltando al lugar donde vivían Thoorkook y sus perros. Los hermanos saltaron lo suficientemente cerca del campamento como para que la jauría los olfateara y los persiguiera, y pronto los canguros se lanzaron al arbusto con una jauría de perros aulladores que se acercaban.

Los hermanos no les temían a los perros; eran más grandes, más fuertes y más rápidos, y tenían un plan para destruirlos a todos y cada uno de ellos. Dejarían que un perro se acercara, y cuando saltara hacia uno de los hermanos, ese hermano lo golpearía con sus afiladas garras y lo partiría en dos. Los hermanos continuaron la persecución de esta manera hasta que todos y cada uno de los perros fueron asesinados.

Después de que toda la jauría muriera, los hermanos se convirtieron de nuevo en hombres y fueron a ocuparse del propio Thoorkook. Fueron a su campamento y lo mataron sin piedad. Cuando Thoorkook murió, los hermanos lo convirtieron en un mopoke, un pequeño búho marrón con ojos saltones que solo anda de noche.

Vengar a sus hijos les dio a los hermanos un poco de paz, pero no hizo nada para aliviar el dolor de sus esposas. Día y noche, lloraron y se lamentaron por sus hijos asesinados. Nada de lo que los hermanos podían hacer los tranquilizaba, así que convirtieron a sus esposas en zarapitos. Y hasta hoy, cuando los zarapitos lloran durante la noche, es el llanto de las dos madres que aún están de luto por sus hijos.

Algún tiempo después de la muerte de los dos chicos, un hermano se subió a un árbol, donde usó su hacha para cortar una larva de madera blanca. Mientras cortaba la madera del árbol, una astilla voló por el aire con tal fuerza que hizo un sonido bajo y silbante. El otro hermano estaba parado al pie del árbol esperando, y mientras la viruta pasaba volando, gritó—: ¡Ese es el sonido de las voces de nuestros hijos! ¡Las voces de nuestros hijos sonaban así!

Ambos hermanos encontraron esto muy reconfortante, pero no sabían qué podían hacer para preservar ese sonido. Después de discutirlo, ambos decidieron que sería mejor que pasaran el resto del día cazando y que cada uno iría en una dirección diferente para buscar caza. Un hermano tomó su bumerán y su lanza y salió al monte, pero el otro se quedó atrás, sosteniendo la astilla de madera en sus manos y pensando mucho.

El hermano que se quedó atrás tomó su cuchillo y alisó la astilla. Hizo un agujero en un extremo y le ató un trozo de cuerda. Entonces empezó a girar la astilla, haciéndola ir más y más rápido hasta que empezó a hacer un sonido suave y bajo, el sonido de las voces de los niños muertos. Byama entonces fue al árbol y cortó un trozo de madera más grande. Le dio forma con cuidado, cortó un agujero en un extremo y ató un trozo de cuerda en el agujero. Cuando hizo girar este trozo de madera, el sonido que hizo fue mucho más fuerte. Y así fue como se hizo el primer churinga.

Cuando el hermano que había ido a cazar volvió a casa, el otro le mostró el churinga que había hecho. Ambos hermanos se regocijaron al escuchar el sonido de las voces de sus hijos de nuevo, aunque sabían que ambos estaban muertos. Los hermanos decidieron que el churinga debía ser algo sagrado que se mostraría a los niños y se haría sonar durante sus ceremonias de iniciación. Pero nunca una niña o una mujer debe ver el churinga, aunque se les permita escuchar su voz, porque el churinga es una cosa sagrada para los niños y los hombres, ya que fue hecha en memoria de los niños que fueron asesinados por los perros de Thoorkook.

Parte III: Cuentos de animales

Boora el Pelícano

Los cuentos de animales en el tiempo del sueño suelen adoptar una de dos formas: o bien la forma actual de un animal es el resultado de que el animal realice conductas humanas, o bien es el resultado de acciones que dan como resultado que un ser humano se convierta en un animal. La historia que se relata a continuación es de la primera variedad. Boora el Pelícano vive y se comporta como un ser humano, aunque tiene plumas como un pájaro. Cuando se involucra en la tradición humana de pintarse con arcilla blanca antes de ir a la guerra, inspira a otros pelícanos a hacer lo mismo porque piensan que es particularmente guapo. Esto resulta en un cambio irrevocable que da a los pelícanos las plumas blancas y negras que tienen actualmente.

Hace mucho tiempo, en el tiempo del sueño, no había agua en ningún lugar. Esto se debía a que la rana la guardaba todo dentro de él y se negaba a compartirla con nadie más. Todas las criaturas se volvieron cada vez más sedientas, así que finalmente celebraron un consejo para decidir qué hacer.

Después de una larga discusión, los animales decidieron que si se podía hacer reír a la rana, era probable que toda el agua saliera de él. La primera criatura en intentarlo fue la cucaburra. La cucaburra bailó y agitó sus alas y rió y rió, pero la rana solo parpadeó y le dio la espalda. Luego vino el ornitorrinco e intentó hacer bromas sobre su gracioso pico y su graciosa cola, pero la rana solo suspiró y cerró los ojos.

Criatura tras criatura intentaron hacer reír a la rana, pero ninguna tuvo éxito. La boca de la rana permaneció firmemente cerrada y el agua se mantuvo firme en su interior sin importar las tonterías que hicieran las criaturas. Esto siguió y siguió hasta que la anguila se adelantó a la rana y empezó a retorcerse y a retorcerse. La rana observó a la anguila intensamente y sonrió. La anguila continuó retorciéndose, y finalmente la rana no pudo soportarlo más. Abrió la boca y se rió y rió, y toda el agua que estaba dentro de él salió en una gran ola. Desafortunadamente, había tanta agua dentro de la rana que cuando salió de golpe causó una gran inundación, y muchos animales y personas se ahogaron.

En ese momento, había un pelícano llamado Boora. Era bastante vanidoso y se consideraba la criatura más bella del mundo. En aquellos días, todos los pelícanos tenían plumas negras, y Boora pensaba que las suyas eran las más brillantes que jamás había visto. Boora también estaba muy orgulloso de la canoa que poseía. Por supuesto, no la necesitaba para desplazarse, ya que podía volar y nadar tan bien como cualquier otra ave marina. Pero era algo que ninguno de los otros pelícanos tenía, y esto hacía feliz a Boora.

El día después de la gran inundación, Boora salió a remar en su canoa. Mientras flotaba, se encontró con una pequeña isla fangosa. En la isla había un gran tronco, y en él estaban sentados tres hombres y una mujer. Habían logrado salvarse de la crecida de agua agarrándose al tronco, pero ahora estaban varados en la pequeña isla sin nada que comer y sin forma de llegar a un lugar seco donde pudieran encontrar comida. Las aguas de la inundación seguían fluyendo rápidamente, arremolinándose y corriendo por las orillas de la isla, haciendo que las personas tuvieran miedo de tratar de nadar hasta el pedazo de tierra que podían ver a la distancia.

Boora vio a la gente sentada en el tronco y se puso curioso. Mientras remaba más cerca, notó que la mujer era muy hermosa—. ¡Oh!—pensó el pelícano—. Si la rescato, estará tan agradecida que seguramente consentirá en ser mi esposa. Es muy hermosa, y todos los demás pelícanos me envidiarán aún más si tengo una esposa así.

Boora llevó su canoa a la orilla de la isla—. ¡Saludos, gente!—dijo—. ¿Qué hacen sentados en ese tronco? ¿Dónde están todos sus amigos? ¿Dónde están sus familias?

—Estamos varados aquí—dijo uno de los hombres—. Todas nuestras familias y amigos se ahogaron en la inundación. Logramos agarrar este tronco y flotar sobre él, pero ahora estamos atrapados en esta isla. No sabemos cómo llegar a un lugar seco donde podamos encontrar comida porque el agua sigue fluyendo tan rápido.

—Oh—dijo Boora—. Eso suena como una situación muy difícil. Tal vez pueda ayudarles. Tengo esta fina canoa aquí; podría llevarles a ese pedazo de tierra de allí si quieren.

La gente discutió la oferta del pelícano en silencio, y al final aceptaron ir con él.

—Me alegro de ayudarles—dijo Boora—. Aunque mi canoa solo es lo suficientemente grande para un pasajero a la vez. —Luego señaló a uno de los hombres y dijo—: Te llevaré primero. —el hombre se subió a la canoa y el pelícano remó hasta la orilla opuesta.

—Me llevaré a los otros hombres uno por uno—pensó el pelícano— y cuando regrese por la mujer, la tendré toda para mí, ¡y nadie podrá hacer nada al respecto!

Boora regresó a la isla, y cuando había varado la canoa, la mujer comenzó a subir a ella—. ¡Todavía no!—dijo Boora—. Yo lo llevaré a él ahora.

Boora invitó al segundo hombre a subir a la canoa. El hombre subió a bordo, y luego el pelícano se alejó remando. Dejó al hombre en la orilla lejana donde había dejado al primero, y luego volvió a la isla. De nuevo la mujer intentó subir a la canoa, y de nuevo Boora dijo— ¡Todavía no! Yo lo llevaré a él ahora. —Boora invitó al tercer hombre a subirse a la canoa, y cuando el hombre se subió, el pelícano se alejó remando.

Para entonces, la mujer empezaba a sospechar—. Estoy segura de que ese pelícano tiene algún tipo de plan—pensó—. Prefiero arriesgarme a nadar, incluso con esta rápida corriente, que dejar que me lleve.

La mujer miró a su alrededor y vio un tronco flotando en la corriente. Era más o menos del mismo tamaño que ella, así que lo subió a la isla y lo envolvió con su propia ropa. Entonces la mujer se deslizó en el agua y comenzó a nadar hacia la orilla opuesta, teniendo cuidado de mantenerse fuera de la vista del pelícano.

Cuando Boora regresó a la pequeña isla, vio lo que pensó que era la mujer tendida en el suelo—. ¡Levántate!—dijo—. ¡Es tu turno de subir en mi canoa!

No pasó nada. Otra vez Boora dijo—: ¡Eh, despierta! ¡Puedo llevarte ahora!

Una vez más no hubo respuesta. Boora se enfadó. Pateó a la que creía que era una mujer dormida, luego gritó y saltó de un lado a otro con dolor cuando su pie golpeó la dura madera del tronco. Cuando Boora pateó el tronco, la ropa se cayó de él, y vio que había sido engañado. Miró hacia la orilla opuesta y vio a los hombres ayudando a la mujer a salir del agua.

Boora se puso furioso—. ¡Haré que se arrepientan de eso! ¡Iré allí y mataré a todos los hombres y me llevaré a la mujer para mí! ¡Cómo se atreven a jugarle una mala pasada a Boora!

Boora se subió a su canoa y remó rápidamente a casa. Recogió una cantidad de arcilla blanca y comenzó a untarla en sus plumas, porque eso es lo que hay que hacer cuando uno va a pelear. Pero los otros pelícanos vieron a Boora haciendo esto y dijeron—: ¿Qué es esto? Los pelícanos no se supone que sean blancos. Somos pájaros negros, y así debe seguir siendo.

Todo el rebaño voló a la casa de Boora y lo echó del campamento, gritando—: ¡Deja de pintarte de blanco! ¡Qué cosa tan horrible y grosera! ¡Los pelícanos son negros, y así debe seguir siendo!

Pero algunos de los pelícanos más jóvenes vieron el aspecto de Boora con plumas blancas y negras y pensaron que esto era extremadamente fino. Así que empezaron a untarse con cal, y es por eso que los pelícanos tienen tanto plumas blancas como negras hoy en día.

Cómo el canguro consiguió su cola

En los cuentos del tiempo del sueño, la forma final de un animal a menudo resulta de uno o más actos de violencia. Aquí, el canguro obtiene su cola por un golpe de lanza, mientras que el wombat obtiene su cabeza plana por un golpe con una roca.

Esta historia no solo explica las formas y hábitos de vida de los canguros y los wombats, sino que también funciona como una fábula sobre el valor del trabajo oportuno. La lucha que cambia las formas de cada animal comienza con una disputa que resulta de la tendencia del canguro a perder el tiempo y hacer otras tareas que no sean las más urgentes, mientras que el wombat es más diligente.

Hace mucho tiempo, cuando el mundo era nuevo, Mirram el canguro y Warreen el wombat parecían hombres. Caminaban en dos piernas y salían a cazar y pescar como los hombres. Eran muy buenos amigos, y compartían su comida y su agua entre ellos. Mirram era alto y delgado, mientras que Warreen era bajo y pesado.

Además de sus formas, había otra diferencia importante entre Mirram y Warreen. A Warreen le gustaba construirse un refugio hecho de corteza donde podía dormir caliente y seco. Mirram, sin embargo, prefería dormir al aire libre. Le gustaba poder observar las estrellas por la noche. Dormir a la intemperie era algo bueno para él, pero no siempre. Se sentía cómodo junto a su fogata cuando el clima era cálido y seco, pero durante las épocas frías y lluviosas, temblaba miserablemente.

Un día, Mirram y Warreen volvieron de la caza. Mirram hizo una hoguera en su fogón, donde cocinaron su comida. Cuando estuvo lista, comieron juntos, charlando amistosamente sobre su día. Pronto Warreen terminó su comida. Se levantó, se estiró y miró a su alrededor.

—Parece que el mal tiempo llegará pronto—dijo—. Tal vez quieras construir una cabaña, Mirram. Yo empezaría ahora si fuera tú. Hay mucha corteza en ese bosque de allí.

Mirram miró al horizonte. Vio las nubes y estuvo de acuerdo en que Warreen tenía razón. Pero dijo—Oh, hay mucho tiempo todavía. No creo que haya necesidad de empezar en este momento.

A Warreen le molestó que su amigo rechazara tan buen consejo, pero no dijo nada al respecto. En su lugar, dijo—Como quieras—y luego fue a su cabaña, donde encendía un fuego cuando hacía demasiado frío para estar sin él.

El día continuó, y Mirram se ocupó de otras cosas que había que hacer en lugar de construir la cabaña—. La tormenta probablemente no será tan mala—dijo—así que incluso si no llego a hacer una cabaña, estará bien.

Cuando cayó la noche, empezó a llover y el viento se levantó, pero Mirram estaba tan cansado de todo el trabajo que había hecho que no pudo hacer su cabaña—. Estaré bien aquí junto a mi fuego. No hay mucho viento, y no hay mucha lluvia. No creo que necesite una cabaña.

Pero Mirram no podía estar más equivocado. No era una llovizna ordinaria; era una gran tormenta, con vientos aullantes y capas de lluvia helada. No había forma de que Mirram pudiera mantener su fuego encendido. No tenía nada para mantener la fría lluvia fuera de su cuerpo y nada para evitar que el viento se clavara en su piel. Mirram miró a la acogedora cabaña de Warreen y pensó—: Warreen tenía razón. Debería haber construido una cabaña. Pero quizá me deje un poco de espacio en la suya si prometo escucharle la próxima vez.

Abrazándose con los brazos para intentar calentarse y evitar la lluvia, Mirram corrió hasta la cabaña de Warreen y metió la cabeza dentro.

—Warreen, hace mucho frío y está húmedo aquí afuera. Por favor, déjame entrar—dijo.

—No—dijo Warreen con una voz gruñona y somnolienta—. No te molestaste en escucharme antes, y ahora no puedo molestarme en ayudarte.

—Por favor, viejo amigo, déjame entrar. Tengo mucho, mucho frío, estoy mojado y me siento miserable—dijo Mirram—. Lo admito: tenías razón. Debería haber construido una cabaña. Seguramente seguiré tu consejo la próxima vez, pero por ahora ¿puedo tener un poco de espacio junto a tu fuego? Solo ese pequeño espacio, justo ahí.

—¿Qué, ese pequeño espacio?—dijo Warreen—. No cabrás ahí, y además, vas a gotear sobre mí.

Con eso, Warreen se puso de lado. Al hacer esto, creó otro espacio en una parte diferente de la cabaña.

—¿Qué hay de este pequeño espacio aquí?—dijo Mirram—. Juro que no ocuparé más espacio que ese, y estaré muy, muy callado. Por favor, déjame entrar.

—No—dijo Warreen—. Te gusta dormir afuera. No dejas de decírmelo todo el tiempo. Fuiste demasiado perezoso para seguir mi consejo y construir tu propia cabaña, y eso no es mi culpa. Así que ve a dormir afuera y déjame en paz.

Mirram se arrastró de vuelta a la lluvia. Se puso de pie y se palpó con los brazos alrededor de su cuerpo, tratando de mantenerse caliente. Estaba muy, muy enfadado con Warreen—. Vaya amigo que es—se dijo Mirram—. No me da ni el más mínimo espacio para no caer en esta lluvia helada, e incluso prometí escucharle la próxima vez. —Mirram miró al suelo y vio una gran roca. La recogió con la mano, y luego miró hacia la cabaña de Warreen—. Le mostraré lo que pasa cuando no tratas bien a tus amigos.

Mirram entró en la cabaña de Warreen. Warreen se dio la vuelta y vio a Mirram de pie sobre él con la roca en la mano—. ¿Qué demonios estás haciendo, Mirram?—preguntó Warreen.

—Enseñándote una lección sobre hospitalidad—respondió Mirram, mientras llevaba la roca que caía sobre la frente de Warreen, haciéndola bastante plana—. Ya está. No te molestaste en compartir conmigo, y ahora todo el mundo sabrá porque tu cabeza estará plana para siempre.

Mirram se giró para salir de la cabaña, pero antes de que pudiera escapar, Warreen agarró una lanza y la clavó en la espalda de Mirram. La punta de la lanza entró en la base de la columna vertebral de Mirram, y el asta de la misma se arrastró detrás de él—. Si voy a sufrir con la cabeza plana—dijo Warreen— ¡entonces tú puedes sufrir con la cola larga!

Por eso los wombats son criaturas cortas y redondas con cabezas planas, mientras que los canguros son altos y delgados con colas muy largas. También es por lo que a los wombats les gusta vivir en madrigueras donde están cómodos y secos, pero los canguros solo duermen bajo cualquier clima que el mundo traiga, y por lo que estas dos criaturas nunca son amigables entre sí.

El ave lluvia

El dingo es un perro salvaje nativo de Australia. Se cree que llegó a Australia desde Asia hace unos 3.500 años. Los dingos fueron parte integral de la vida de los indígenas australianos, trabajando como perros de caza, perros guardianes y mascotas, y según un estudio de los arqueólogos Jane Balme y Susan O'Connor, es probable que se integraran en la vida y la cultura indígenas desde una edad relativamente temprana.

En esta historia, vemos una perversión de la relación entre los humanos y los dingos. Tanto la mujer caníbal Yirbaik-baik como su jauría de dingos viven fuera de los límites de la sociedad humana normal, no solo porque viven separados de otras personas, sino también porque han hecho de los seres humanos su principal fuente de alimento. El castigo por este crimen es que Yirbaik-baik se convierta en un ave lluvia y su jauría de dingos en serpientes venenosas.

Una vez hubo una anciana llamada Yirbaik-baik. No vivía en un campamento con otras personas, porque mucho antes decidió ir al monte y vivir con los dingos. Tenía cientos de dingos que cazaban por ella. Juntos, ella y los dingos comían muy bien, y lo que todos comían era carne humana. Yirbaik-baik salía con sus dos dingos más pequeños y vagaba por el monte hasta que encontraban un grupo de caza. Yirbaik-baik les decía a los hombres cazadores—Sé dónde pueden encontrar muchos walabíes. Vayan a esa cresta y esperen. Mis perros y yo los llevaremos hasta ustedes. ¡Estén preparados!—entonces los hombres iban a la cresta, pero en lugar de enviarle dos pequeños dingos para acorralar a los walabíes, Yirbaik-baik llamaba a toda su manada y la enviaba a la cresta, donde asolaban a los pobres cazadores hasta la muerte. Cuando todos los cazadores morían, los dingos arrastraban los cuerpos de vuelta a su campamento, donde Yirbaik-baik cocinaba y comía algunos de los hombres ella misma mientras daba el resto a sus perros.

Después de un tiempo, la gente comenzó a notar que muchos de sus cazadores no volvían al campamento. Suficientes cazadores habían desaparecido y todos se preocuparon mucho. La siguiente vez que un grupo de cazadores se reunió para salir, decidieron dividirse en dos grupos. Uno saldría al monte a cazar como si nada, mientras que el otro grupo se quedaría atrás y se escondería para poder ver lo que le pasaba a los demás. Salieron al monte, uno de los grupos se comportó como si siguiera a los animales, y el otro se quedó atrás y se escondió donde podían.

Muy pronto, los cazadores que se escondían vieron a una anciana acompañada de dos pequeños dingos acercarse al otro grupo de cazadores. La mujer y los cazadores hablaron un rato, luego la anciana señaló un lugar en la distancia. Los cazadores se alejaron en la dirección que la anciana les había indicado, pero no llegaron muy lejos antes de que la anciana soltara un grito y cientos de dingos fueran en enjambre aparentemente de la nada. Los dingos cayeron sobre los cazadores y los atacaron hasta que todos murieron. La anciana se dio la vuelta y se alejó de la masacre, y los dingos la siguieron, arrastrando los cuerpos con ellos.

Los cazadores que habían presenciado la carnicería lloraron de pena y rabia por lo que había pasado. Volvieron a su campamento y contaron a todos lo que había pasado a sus amigos y parientes.

—No podemos dejar que esta mujer viva un día más—dijo un hombre—. No podemos dejar que ella y sus dingos se coman a nuestros cazadores. Tenemos que encontrar una forma de detenerla.

Toda la gente estuvo de acuerdo en que esto era lo que había que hacer. Un gran grupo de cazadores se armaron bien y salieron al lugar donde los otros habían sido asesinados. Siguieron el rastro hasta el campamento de la anciana, donde vieron los cuerpos de sus amigos muertos en una pila y a la anciana masacrando a uno de ellos mientras los dingos holgazaneaban por el campamento. Los cazadores corrieron al campamento de la anciana, donde la mataron a ella y a todos y cada uno de sus dingos. Cuando mataron a los dingos, se convirtieron en serpientes venenosas que se deslizaron por el monte. Los cráneos de los cazadores muertos se transformaron en grandes rocas blancas, que permanecen en ese lugar hasta hoy. La misma Yirbaik-baik se convirtió en un pequeño pájaro marrón, que se alejó volando, dando un grito al pasar.

Así es como nació el ave lluvia, y cuando la gente oye su grito, saben que pronto vendrá la lluvia.

Cómo el koala perdió su cola

Los koalas son marsupiales arbóreos nativos del este de Australia. Varias leyendas indígenas describen que el koala tiene una larga y hermosa cola, mientras que el animal que los humanos conocen ahora no tiene ninguna, inspirando historias acerca de dónde fue la cola del koala.

Así como el canguro gana una cola en un acto de violencia en la historia que se cuenta antes, la leyenda que se presenta aquí explica cómo el koala perdió la suya, de nuevo con un acto de violencia que involucra al canguro. Esta historia también se basa en la tendencia del koala a dormir hasta veinte horas al día como parte de la caracterización de ese animal, que se dibuja como perezoso y engañoso.

El canguro y el koala eran los mejores amigos. Hacían todo juntos y compartían la misma cabaña, y ambos estaban muy orgullosos de sus largas y hermosas colas.

Llegó un momento en el que no había llovido durante algunas semanas, y el clima había sido muy caluroso. Toda el agua se estaba secando, y los animales y pájaros estaban muriendo, uno por uno. El canguro y el koala tuvieron más suerte que la mayoría porque había un pequeño charco de agua cerca de su cabaña. El agua no era muy buena, pero era agua, así que los amigos se quedaron en ese lugar y esperaban que lloviera.

Después de muchos días, canguro y koala habían bebido la última agua del pequeño estanque. Aunque muchas veces había habido nubes espesas en el horizonte, la lluvia nunca llegó.

—Canguro, me temo que moriremos si no conseguimos agua pronto, pero no sé dónde buscarla—dijo el koala.

—Tengo una idea—dijo el canguro—pero es solo algo que mi madre me dijo cuando era pequeño. Puede que no lo recuerde correctamente, así que puede que no funcione, y moriremos de todas formas.

—Escuchémoslo—dijo el koala—. Podemos morir tratando de salvarnos a nosotros mismos en vez de sentarnos aquí y esperar que la muerte nos lleve.

—Bueno, mi madre decía que si vas a un lugar donde hay un río, a veces si cavas un agujero profundo en la orilla, se llenará de agua, incluso si el propio río está seco.

El koala estuvo de acuerdo en que valía la pena el intento, y así los dos amigos se pusieron en marcha para encontrar un río.

—Recuerdo que había un río por allí—dijo el canguro.

—Vamos—dijo el koala, y se fueron.

Los dos amigos se pusieron en marcha para encontrar el río. Caminaron y caminaron, y a medida que avanzaban, vieron los cuerpos de criaturas que ya habían muerto de sed. No fue una visión muy alegre, especialmente porque tanto el koala como el canguro ya tenían mucha sed.

Después de lo que pareció una eternidad de caminar a través del calor seco, el canguro dijo—Estamos aquí. Este es el río.

—¿Qué río?—dijo el koala—. ¡Aquí no hay nada!

—Bueno, puedes ver el camino que el agua tomaría si hubiera agua—dijo el canguro—. Creo que deberíamos empezar a cavar aquí y ver qué pasa.

—Oh, estoy muy cansado, canguro—dijo el koala—. Solo voy a recostarme y descansar un poco. ¿Por qué no empiezas con el hoyo, ya que eres el único que sabe de estas cosas? Me reuniré contigo más tarde.

—Muy bien—dijo el canguro, y comenzó a cavar un agujero en la orilla del río.

El canguro cavó y cavó, y la tierra estaba seca hasta el final. Cavó y cavó un poco más, pero aun así el suelo no estaba ni un poco húmedo. Estaba muy cansado, y había empezado a desesperarse por encontrar agua.

El canguro salió del agujero y fue a donde el koala estaba durmiendo—. Koala, despierta—dijo el canguro—. Estoy muy cansado, y aún queda mucho por cavar. ¿Puedes tomar tu turno mientras yo descanso?

El koala abrió un ojo y se quejó—. Oh, amigo canguro, por favor no me pidas que cave. Estoy sufriendo mucho. Creo que puedo morir pronto. Sé que moriré si intento hacer algo más que estar aquí tumbado y dormir.

El canguro sintió mucha pena por su amigo. Suspiró y volvió a cavar. Estaba casi listo para rendirse e ir a acostarse a morir con el koala cuando la textura del suelo cambió repentinamente. En lugar de estar seco y arenoso, el suelo estaba húmedo. El canguro encontró nuevas fuerzas con la esperanza que le daba la tierra húmeda. Continuó cavando tan rápido como pudo, y en muy poco tiempo, el agua comenzó a burbujear bajo sus patas. Cavó un poco más, y el agua llegó más rápido. Pronto el canguro pudo ver que había tanta agua que el agujero pronto se llenaría.

El canguro saltó del agujero y se acercó a su amigo—. ¡Koala! ¡Encontré agua! ¡Ven a ver!

El koala solo había estado fingiendo estar enfermo. Cuando escuchó a su amigo decir que había agua, saltó y empujó al canguro a un lado—. ¡Fuera de mi camino!—gritó el koala mientras se apresuraba hacia el pozo de agua.

El koala se inclinó sobre el agua y bebió y bebió. El canguro pensó que era muy grosero por parte de su amigo tratarlo de esa manera—. Dijo—Oye koala, yo hice todo el trabajo. ¡Déjame beber ahora!

Pero el koala no se apartaba del camino. No le importaba que su amigo hubiera trabajado tan duro. Todo lo que quería era beber y beber hasta que estuviera casi listo para reventar.

El canguro le pidió al koala que se apartara dos veces más, pero el koala fingió no escuchar. Finalmente, el canguro se cansó del egoísmo del koala. Sacó su cuchillo y agarró la punta de la fina cola del koala. Luego cortó la cola a unos pocos centímetros de la raíz.

El koala gritó de dolor y rabia. Se dio la vuelta para encontrar al canguro sosteniendo un cuchillo afilado en una pata y su hermosa cola en la otra, y parecía muy enfadado. El koala sabiamente huyó tan rápido como pudo. El canguro vio al koala irse, riéndose todo el tiempo. Luego fue al pozo de agua y bebió hasta hartarse, recordando a su madre y su sabiduría que lo había salvado. Pero la cola del koala nunca volvió a crecer, y es por eso que los koalas de hoy en día no tienen cola.

Weedah el ruiseñor

Mucha gente estará familiarizada con la tendencia de algunas especies de aves a imitar no solo los cantos de otras especies sino también los sonidos creados en su entorno. Motosierras, alarmas de coches y sirenas son solo algunos de los sonidos que este tipo de aves pueden imitar.

En esta historia, el personaje principal es conocido como un ruiseñor. Sin embargo, los ruiseñores reales no se encuentran en Australia, sino que viven en varios hábitats en todo el Nuevo Mundo. En cambio, Australia es el hogar del pájaro lira, la urraca australiana, y el pergolero satinado, todos los cuales participan en la mímica vocal, a menudo como parte de los rituales de cortejo. Como no está claro exactamente qué pájaro cantor australiano es el protagonista de esta historia y como la mímica del pájaro es su característica más importante, utilizo el nombre "ruiseñor" en esta historia como un término genérico.

Weedah el ruiseñor tenía un gran talento: podía imitar cualquier voz que escuchara, ya fuera humana o animal, y le gustaba usar ese talento para engañar a los demás. Weedah también era codicioso y egoísta. No quería compartir la tierra con otras personas—. Ojalá fuera el único que viviera aquí—se decía a sí mismo—y que nunca tuviera vecinos.

Un día, mientras Weedah practicaba diferentes tipos de sonidos humanos, se le ocurrió una idea—. Si construyo un pequeño campamento con muchas chozas y pongo fuego delante de ellas, puedo usarlo como una trampa. Puedo hacer sonidos para atraer a la gente de aquí y luego deshacerme de ellos, uno por uno. Llevará tiempo, pero eventualmente conseguiré lo que quiero. Y será entretenido el proceso.

Weedah puso su plan en acción. Creó un campamento de muchas chozas. Encendió fuegos delante de cada cabaña para que pareciera que alguien vivía allí, y construyó un gran fuego en el centro. Entonces Weedah comenzó a hacer sonidos. Hizo los sonidos de bebés llorando y niños riendo. Hizo los sonidos de mujeres cantando y hombres llamándose unos a otros. Hizo los sonidos de los ancianos contando historias. Weedah hacía cualquier tipo de sonido que uno pudiera oír en un campamento, y los sonidos eran la carnada para su trampa.

Cuando alguien pasaba lo suficientemente cerca del falso campamento como para oír los sonidos de Weedah, iban a buscar a quien había empezado a vivir allí. Entraban en el campamento y, por invitación de Weedah, miraban en cada una de las cabañas. Al encontrarlas vacías, le preguntaban a Weedah— ¿Dónde está toda la gente?—Weedah decía—: No hay nadie aquí, tal como lo viste. Creo que estás escuchando cosas. —luego la persona discutía sobre lo que escuchaba con Weedah, quien seguía negando que hubiera habido ningún sonido. Durante la discusión, Weedah se acercaba a la persona, haciéndola retroceder. De esta manera, Weedah los acercaba cada vez más al gran fuego. Tan pronto como la persona estaba en el lugar correcto, Weedah le daba un empujón y lo hacía caer en las llamas. De esta manera, Weedah comenzó a librar la tierra de las otras personas que vivían allí, una por una.

Weedah preparó su trampa y mató a sus presas durante mucho tiempo. Finalmente, la gente comenzó a notar que muchos de sus compañeros habían desaparecido, más de lo que podría explicarse por la desgracia u otros eventos normales. Un día, Mullyan el halcón águila decidió averiguar lo que había estado pasando y ponerle fin. Mullyan salió y encontró los rastros de la última persona que había dejado el campamento y no había regresado. Mullyan siguió el rastro hasta que llegó al falso campamento de Weedah.

Weedah escuchó a Mullyan aproximarse y comenzó a hacer sus sonidos como lo hacía habitualmente. Mullyan entró en el falso campamento y empezó a buscar a las personas que creía que hacían los sonidos, pero todo lo que encontró fue a Weedah.

—¿Qué está pasando aquí, Weedah?—preguntó Mullyan.

—¿Qué quieres decir?

—¿Dónde está toda la gente?

—No hay nadie más que yo, como puedes ver—dijo Weedah.

—Pero escuché a bebés y niños, mujeres y hombres. ¿Dónde están?

—No sé a qué te refieres—dijo Weedah, cuando empezó a acercar a Mullyan al fuego.

Afortunadamente, Mullyan era un hombre muy inteligente, así como muy fuerte y muy valiente. Vio de inmediato lo que Weedah estaba haciendo—. Veo cómo has estado matando a todos— pensó Mullyan—. Pronto te daré a probar tu propia medicina.

Mullyan seguía haciendo preguntas y Weedah seguía respondiendo, sin darse cuenta de que las cosas habían cambiado.

—Deja de jugar, Weedah—dijo Mullyan, mientras los dos hombres se acercaban al gran fuego.

—Los únicos juegos que se están jugando son los de tu imaginación, Mullyan—dijo Weedah.

—¡No lo creo!—gritó Mullyan, mientras tomaba a Weedah y lo arrojaba al fuego—. Tu pequeño plan ha terminado, Weedah. No más muertes.

Cuando Weedah se estrelló contra las llamas, su cabeza golpeó una gran roca que estaba en el suelo cerca, matándolo instantáneamente. Cuando Mullyan vio que Weedah estaba muerto, se volvió para volver a casa y contarles a todos lo que había pasado, pero de repente escuchó un sonido como un trueno detrás de él. Mullyan se dio vuelta y vio que la cabeza de Weedah se había abierto de golpe, y de la abertura revoloteó un pájaro. El pájaro revoloteó hasta la rama de un árbol y comenzó a cantar una canción que pertenecía a otro pájaro. Mientras Mullyan miraba y escuchaba, el pájaro imitaba una panoplia de sonidos. Weedah se había convertido en un ruiseñor de verdad.

Cómo la tortuga obtuvo su caparazón

Como hemos visto en los anteriores relatos de animales, la transgresión de un tipo u otro es una causa primaria de los cambios que dan a los animales su apariencia o incluso su existencia, y esta historia no es diferente. La arrogancia de Wayamba, primero robando una mujer de una tribu vecina y luego pensando que puede enfrentarse a sus enfurecidos parientes por sí mismo, resulta en su transformación en una verdadera tortuga.

También hay una especie de problema de la gallina y el huevo aquí. En esta historia, las tortugas aparentemente ya existen de alguna manera, ya que hay una tribu de personas que toman el animal como tótem, pero la criatura de caparazón que conocemos aún no ha sido creada por las acciones de Wayamba.

La tortuga Wayamba se encontró con la falta de una esposa. Buscó una entre las mujeres de su campamento, pero ninguna de las mujeres de la tribu de las tortugas le agradaba—. Nunca encontraré una esposa a este paso—refunfuñó—. Me rindo. Solo voy a ir de caza.

Wayamba tomó sus armas y salió al monte. En su camino, se encontró con Oolah la lagartija espinosa, que estaba cavando ñames con su palo de ñame. Oolah era del campamento vecino de las lagartijas espinosas, y Wayamba nunca la había visto antes. Pero en el momento en que la vio, se quedó prendado—. ¡Esta es la mujer que quiero como esposa!—pensó para sí mismo—. La llevaré de vuelta a mi cabaña conmigo en este mismo instante.

Wayamba se arrastró detrás de Oolah y la agarró—. ¡No grites!—le advirtió—. No te haré daño si vienes conmigo. Necesito una esposa, y creo que eres la mujer perfecta para mí. Ahora, ven conmigo.

Oolah no tuvo más remedio que ir con Wayamba. Él era mucho más fuerte que ella, y además, tenía todo tipo de armas. Oolah siguió a Wayamba de vuelta al campamento de las tortugas con calma, pero por dentro estaba asustada y enfadada.

Cuando Wayamba entró en su campamento con Oolah, los otros habitantes tortuga dijeron—: ¿Quién es esta mujer? ¿No es de la tribu de los lagartos espinosos? ¿Por qué está aquí contigo?

—Ella es mi esposa—dijo Wayamba—. La encontré cavando en busca de ñames y la traje conmigo. Ninguna de las mujeres tortuga me agrada, pero me gusta mucho esta mujer lagarto espinoso.

—¡Oh, eso fue algo muy malo que hiciste!—dijeron las otras personas tortuga—. ¿Y si su gente viene a recuperarla? No deberías haberla traído aquí sin permiso. Si su gente viene a luchar para recuperarla, no vamos a ayudarte, porque estuvo mal que te la llevaras así.

Wayamba respondió—: No importa. Soy mejor luchador que nadie en todo este campamento. Es la gente lagarto espinoso la que debe tenerme miedo. —luego Wayamba llevó a Oolah a su cabaña, donde pasaron la noche juntos.

Por la mañana, hubo una gran conmoción en el campamento de Wayamba. Wayamba se asomó por la puerta de su cabaña y vio que un gran grupo de la gente de Oolah había llegado. Eran todos hombres grandes y fuertes, y todos muy bien armados.

—¿Dónde está nuestra Oolah?—dijeron los hombres lagarto espinoso—. ¡Tráiganla de inmediato! ¡Dejen que el hombre tonto que se la llevó salga y se enfrente a nosotros!

La gente del campamento tortuga no hizo ningún movimiento para enfrentarse a los hombres lagarto espinoso ni siquiera para hablarles, pero a Wayamba no le importó.

—¡Ja!—pensó Wayamba—. Mira a todos ellos allí. No son rivales para mí. Puede que haya más de ellos, ¡pero yo soy mucho más listo!

Wayamba tomó dos escudos. Ató uno en la parte delantera de su cuerpo y el otro en la parte trasera. Luego salió de su choza y gritó— ¡Oigan, hombres lagarto espinoso! Yo soy el que robó su Oolah. Vengan y peleen conmigo, ¡si se atreven!

Los hombres lagarto espinoso lanzaron sus lanzas a Wayamba, pero él solo tiró de sus brazos, piernas y cabeza al refugio de sus escudos, por lo que ninguna de las lanzas lo tocó.

—¿Es eso lo mejor que pueden hacer?—retó Wayamba—. ¡Vamos, inténtenlo de nuevo! ¡Les reto!

De nuevo los hombres lagarto espinoso lanzaron lanzas a Wayamba, y de nuevo se retiró dentro de los escudos. Cuando la lluvia de lanzas se detuvo, Wayamba se burló una vez más de los hombres lagarto espinoso, pero esto fue un error. Los hombres lagarto espinoso se dieron cuenta de que las lanzas no servirían de nada, así que tomaron sus palos y fueron tras Wayamba. Solo pudieron lanzar unos pocos golpes antes de que Wayamba girara y corriera hacia el río.

Pronto Wayamba llegó a la orilla del río. Se detuvo, atrapado entre el flujo del agua y el grupo de hombres enfurecidos y armados que se acercaban por detrás. Cuando algunos de los hombres lagarto espinoso alcanzaron a Wayamba y comenzaron a golpearlo con sus garrotes, Wayamba se zambulló en el agua y nunca más se le vio.

Los hombres lagarto espinoso volvieron al campamento tortuga para buscar a Oolah y llevarla a casa. La gente tortuga no hizo ningún movimiento para detenerlos.

—¿Dónde está Wayamba?— preguntó la gente tortuga.

—No lo sabemos—dijo la gente lagarto espinoso—. Saltó al río y no volvió a subir.

Wayamba el hombre nunca fue visto de nuevo, pero unos días después de que Oolah fuera rescatada por su gente, algunos de la tribu tortuga estaban pescando en el río. Vieron una extraña criatura trepar a la orilla. Tenía un caparazón duro arriba y otro abajo, como dos escudos, y cuando la gente la recogió, metió la cabeza y las piernas en el caparazón—. ¡Así que eso fue lo que pasó con el Wayamba!—dijo la gente. Y así es como la tortuga obtuvo su caparazón.

Cómo llegó a ser el ornitorrinco

El ornitorrinco es una criatura única en Australia. Es un mamífero de sangre caliente que segrega leche para sus crías, pero se reproduce poniendo huevos. Con su pico de pato, sus patas palmeadas y su grueso pelaje, el ornitorrinco parece como si hubiera sido ensamblado de partes sobrantes de otros animales.

La extraña estructura del ornitorrinco también atrajo la imaginación de los indígenas australianos, que crearon un mito explicando que el ornitorrinco estaba hecho de la unión de un pato y un rakali. El rakali, o rata de agua, es un roedor nativo de Australia que vive a lo largo de las orillas de los ríos y otros cuerpos de agua dulce. Tiene un pelaje grueso y brillante y una cola pesada, aunque no tan pesada como la del ornitorrinco.

Una bandada de patos vivía al borde de un gran estanque. Era un buen lugar para los patos; el agua era fresca, y había mucha buena comida. En su mayor parte, los patos se mantenían juntos en un extremo del estanque—. ¡No se alejen de la bandada!—Los padres le decían a sus patos—. ¡No naden muy lejos! ¡Si lo hacen, Mulloka el diablo del agua les atrapará!

Los patitos en su mayoría escuchaban las advertencias de sus padres y se mantenían cerca del resto de la bandada. Pero una patita era particularmente aventurera. Su madre tenía que ir constantemente tras ella y traerla de vuelta a la zona de anidación. Cuando la patita creció y se convirtió en una hermosa pata joven, mantuvo ese espíritu aventurero. Salía a explorar, y el resto de la bandada agitaba la cabeza y decía—: Esta vez seguro que Mulloka la atrapará—pero cada vez, la pata volvía.

Un día, Duck decidió ir a otra exploración. Nadó hasta el otro extremo del estanque. Cuando llegó allí, subió a la orilla de hierba para descansar—. ¡Oh, es tan encantador y tranquilo aquí!—pensó—. La bandada es siempre tan ruidosa. Todo el mundo está siempre hablando todo el tiempo. Aquí puedo sentarme en paz un rato, y luego volveré a casa.

Desafortunadamente para Duck, el lugar de hierba en el que había elegido descansar estaba sobre la guarida del rakali. Ahora, el rakali estaba muy solo. Anhelaba una esposa que le hiciera compañía. Cuando oyó los pasos de Duck en su tejado, cogió su lanza y fue a investigar. Vio a Duck sentada allí e inmediatamente se enamoró de ella—. ¡Aquí hay una buena esposa para mí!—pensó el rakali—. La llevaré a casa en este instante.

El rakali se acercó a Duck tan silenciosamente que ella no lo escuchó en absoluto. De repente el rakali saltó hacia Duck y la agarró por el cuello. No importaba cómo Duck agitaba sus alas y luchaba, no podía liberarse del agarre del rakali.

El rakali blandió su lanza a Duck y dijo—Vamos, vamos, no hagamos un escándalo. Quiero una esposa, y tú eres la criatura más hermosa que he visto. Ven conmigo en silencio a mi guarida, y estoy seguro de que seremos muy felices juntos. No quieres saber lo que pasará si no aceptas casarte conmigo.

Duck se dio cuenta de que no tenía otra opción que ir con el rakali. Durante un tiempo, vivió con él como su esposa, pero cada día estaba atenta a las oportunidades de escapar.

Un día, el rakali se acostó en la madriguera y tomó una siesta. Duck se dio cuenta de que era su mejor oportunidad para alejarse de él. Se escabulló de la madriguera tan silenciosamente como pudo. Evitando la parte de la orilla que estaba sobre la madriguera, Duck nadó rápidamente de vuelta al final del estanque donde vivía la bandada.

—¡Oh, mira, la pata ha vuelto!—gritó uno de los patos de la bandada.

—Oye, ¿no te comió Mulloka?—preguntó otro.

Todos se agolparon y dieron la bienvenida a Duck, haciéndole todo tipo de preguntas sobre dónde había estado y qué había hecho cuando estaba fuera.

No mucho después del regreso de Duck, llegó la temporada de anidación. Todos los jóvenes patos encontraron lugares privados a lo largo de los bordes del estanque, donde hicieron sus nidos y pusieron sus huevos. Cuando los huevos finalmente eclosionaron, todas las orgullosas madres jóvenes bajaron al agua con sus crías graznando en una línea detrás de ellos.

—¡Oh, miren todos los hermosos patitos jóvenes!—decían los patos adultos—. ¿No son las cositas más bonitas?

Luego Duck bajó al estanque con su cría. Pero nadie le dijo que sus patitos eran hermosos. Y nadie dijo que eran lindos. Los hijos de Duck tenían picos de pato y patas palmeadas de pato; pero los patos solo tienen dos patas, y estos niños tenían cuatro. Sus cuerpos se parecían a los de un rakali, y estaban cubiertos de un suave pelaje marrón. Tenían colas anchas y gruesas y pequeñas espuelas en la parte superior de sus patas traseras.

—¿Qué demonios son esas?—dijeron algunos de la bandada cuando Duck llevó a sus crías al estanque.

—No puedes estar seriamente orgullosa de esas cosas. No pueden ser realmente patitos—dijeron otros.

Otros hicieron una mueca y se quejaron de que las dos pequeñas criaturas eran las cosas más feas que habían visto.

Pero Duck no le prestó atención a la bandada. Estos dos pequeños eran sus hijos sin importar su aspecto, y los amaba como a ningún otro. Los crió bien, y con el tiempo se hicieron sus propios hogares y criaron a sus propios hijos, que se parecían a sus padres. Y así es como el ornitorrinco llegó a ser.

Vea más libros escritos por Matt Clayton

Bibliografía

n. a. "Indigenous Peoples and Cultures". *Australian Government.* https://www.australia.gov.au/about-australia/our-country/our-people. Accessed 3 January 2020.

Allen, Louis A. *Time Before Morning: Art and Myths of the Australian Aborigines.* New York: Thomas Y. Crowell Company, 1975.

Andrews, Munyah. *Sisters of the Pleiades: Stories from Around the World.* North Melbourne: Spinifex Press Pty. Ltd., 2004.

Australian Geographic Staff. "DNA Confirms Aboriginal Culture One of the Earth's Oldest". *Australian Geographic*, 23 September 2011. http://www.australiangeographic.com.au/journal/Aboriginal-Australians-the-oldest-culture-on-Earth.htm. Accessed 3 January 2020.

Balme, Jane, and Susan O'Connor. "Dingoes and Aboriginal Social Organization in Holocene Australia". *Journal of Archaeological Science* 7 (2016): 775-781.

Bruce, Mary Grant. *The Stone Axe of Burkamukk.* London: Ward, Lock & Co., 1922.

Dixon, Roland Burrage. *The Mythology of All Races.* Vol. 9. *Oceanic.* Boston: Marshall Jones Company, 1916.

Fison, Lorimer, and A. W. Howitt. *Kamilaroi and Kurnai*. Melbourne: G. Robinson, 1880.

Flood, Bo, Beret E. Strong, and William Flood. *Pacific Island Legends: Tales from Micronesia, Melanesia, Polynesia, and Australia*. Honolulu: The Bess Press, 1999.

Hadley, Eric, and Tessa Hadley. "Yhi Brings the Earth to Life." In *Mythic Voices*. Ed. Celia Barker Lottridge and Alison Dickie. Evanston: McDougal, Littell & Co., 1994.

Huizen, Jennifer. "Dingoes and Aboriginal Australians Have Likely Been Tight from the Start". *Animalogic* (25 October 2015). https://animalogic.ca/news/dingoes-and-aboriginal-australians-have-likely-been-tight-from-the-start. Accessed 5 January 2020.

Irfan, Umair, and Christina Animashaun. "Australia's Massive Fires, as Seen from Space". *Vox*. https://www.vox.com/2020/1/3/21048700/australia-fires-2019-map-satellite-smoke-pollution. Accessed 3 January 2020.

James, Diane. "*Tjukurpa* Time". In *Long History Deep Time: Deepening Histories of Place*. Ed. Ann McGrath and Mary Anne Jebb, pp. 33-45. Acton: Australian National University Press, 2015.

Marshall, James Vance. *Stories from the Billabong*. London: Frances Lincoln Ltd., 2008.

Massola, Aldo. *Bunjil's Cave: Myths, Legends and Superstitions of the Aborigines of South-East Australia*. Melbourne: Lansdowne Press, 1968.

Mathews, R. H. *Folklore of the Australian Aborigines*. Sydney: Hennessey, Harper and Company, 1899.

Monaghan, Patricia. *Encyclopedia of Goddesses & Heroines*. Revised ed. Novato: New World Library, 2014.

Mountford, Charles P. *The First Sunrise: Australian Aboriginal Myths*. Adelaide: Rigby, Ltd., 1971.

——. *Ayers Rock: Its People, Their Beliefs, and Their Art.* Honolulu: East-West Center Press, 1965.

——. *The Dreamtime: Australian Aboriginal Myths.* Adelaide: Rigby Limited, 1965.

Parker, K. Langloh. *More Australian Legendary Tales.* London: D. Nutt, 1898.

——. *Australian Legendary Tales: Folklore of the Noongaburrahs as told to the Piccaninnies.* London: D. Nutt, 1897.

Paul, Leslie. *Nature Into History.* London: Faber and Faber, Ltd., 1957.

Peck, C. W. *Australian Legends: Tales Handed Down from the Remotest Times by the Autocthonous Inhabitants of Our Land.* Sydney: Stafford, 1925.

Reed, Alexander Wyclif. *Aboriginal Myths: Tales of the Dreamtime.* Balgowlah: Reed Books Pty. Ltd., 1978.

——. *Myths and Legends of Australia.* New York: Taplinger Publishing Co., 1973.

——. *Aboriginal Fables and Legendary Tales.* Sydney: A. H. & A. W. Reed Pty., Ltd., 1965.

Roberts, Ainsley, and Charles P. Mountford. *The Dreamtime.* Adelaide: Rigby, Ltd., 1965.

Rose, Carol. *Giants, Monsters & Dragons: An Encyclopedia of Folklore, Legend, and Myth.* New York: W. W. Norton & Co., 2000.

Smith, W. Ramsay. *Myths & Legends of the Australian Aboriginals.* London: George G. Harrap & Co., Ltd., 1930.

Smyth, R. Brough. *The Aborigines of Victoria.* Melbourne: Ferres, 1878.

Taplin, George. "The Narrinyeri". In *Native Tribes of South Australia,* pp. 1-156. Adelaide: E. S. Wigg & Son, 1879.

Thomas, William Edward. *Some Myths and Legends of the Australian Aborigines.* Melbourne: Whitcombe & Tombs, 1923.

Watson, Irene. *Aboriginal Peoples, Colonialism and International Law.* Abingdon: Routledge, 2015.

www.ingramcontent.com/pod-product-compliance
Lightning Source LLC
Chambersburg PA
CBHW030114240426
43673CB00002B/77